HAO MAMA YIDING YAO ZI
ERTONG MING

好妈妈

一定要知道的

儿童敏感期

周舒予/著

金盾出版社

内容提要

本书分为8章，即孩子的八大敏感期，分别为语言敏感期、秩序敏感期、感官敏感期、关注细小事物敏感期、动作敏感期、社会规范敏感期、书写与阅读敏感期、文化敏感期。书中生动的"身边故事"展现孩子在各个敏感期的典型表现，科学的"成长解码"帮助父母认识、了解孩子的敏感期，同时为父母提供行之有效的教育方法和"教育建议"。敏感期是教育的关键期，是孩子特定能力和行为发展的最佳时期。了解孩子的敏感期，并加以正确的引导，将使孩子的心智水平提升到新的层面。

图书在版编目（CIP）数据

好妈妈一定要知道的儿童敏感期／周舒予著．— 北京：金盾出版社，2014.10
ISBN 978-7-5082-9374-5

Ⅰ.①好…　Ⅱ.①周…　Ⅲ.①儿童教育—家庭教育Ⅳ.①G78

中国版本图书馆CIP数据核字（2014）第075163号

金盾出版社出版、总发行

北京太平路5号（地铁万寿路站往南）
邮政编码：100036　电话：68214039　83219215
传真：68276683　网址：www.jdcbs.cn
北京盛世双龙印刷有限公司印刷、装订
各地新华书店经销
开本：705×1000 1/16　印张：11
2014年10月第1版第1次印刷
印数：1~5 000册　定价：26.00元

目 录 CONTENTS

第三章　感官敏感期（0~6岁）

第六章　社会规范敏感期（2~6 岁）

第七章　书写与阅读敏感期（3.5~5.5 岁）

第八章　文化敏感期（3~9岁）

第一章
语言敏感期
（0~6岁）

———————✧✦✧———————

　　当婴儿开始注视大人说话时的口型，并且发出牙牙学语声时，就开始了他的语言敏感期。在这个敏感期，孩子会模仿周围人说话，会重复别人的话；会建立概念，把自己的认知感觉与语言匹配起来；也会诅咒，甚至是说脏话；当然，他也会同父母说"悄悄话"，感受语言的魅力；还特别喜欢接电话，把他知道的电话常用语连珠炮似的说完……这些都是孩子的正常表现，父母要科学合理地引导孩子，让他多掌握语言，从而为他未来的表达能力奠定基础。

———————✧✦✧———————

面对不停喊"妈妈"的孩子不要生气
——孩子语言敏感期的正常反应（1~2.5岁）

身边故事

故事1

星期天中午，1岁4个月的儿子正坐在客厅的地板上玩耍，妈妈则在厨房做饭。突然，儿子大声叫："妈妈！"妈妈听到后，"唉"了一声，赶紧从厨房里跑到客厅里，问道："宝贝儿，怎么了？"儿子什么也没说，只是冲妈妈傻呵呵地笑。

看到儿子没什么事，妈妈又回到厨房继续做饭。很快，儿子又喊上了："妈妈！"妈妈赶紧答应："唉！"接着就又跑到客厅。结果，儿子跟刚才一样，只是冲着妈妈傻呵呵地笑。

就这样反复好几次，妈妈有点纳闷：儿子这是怎么了？

故事2

一位母亲曾这样讲道：

有一阵子，2岁的女儿每天晚上都要不断地说几个词，像"淘气""小坏蛋""想吃××"等，因为我知道这是孩子语言敏感期的一种正常表现，所以也没制止她，而是随她去。

一天晚上，女儿又在说"淘气""小坏蛋"等，而且一边说，还一边冲着我坏笑。于是，我就问："你为什么老说这样的话呢？"女儿说："你说的！"这句话一出来，我一下子意识到了，原来这些话是我在平时说给女儿的。

从那以后，我对女儿说话时，就会注意说一些比较优美的话，像"好宝宝""乖""真听话""真好看"等。果然，几天后，女儿的话也换成了这些优美的语言。

成长解码

1岁多的孩子喜欢模仿周围人说话。例如，父母说什么样的话，只要孩子能模仿，他也会说什么样的话。当然，最开始，他只能模仿词汇，还说不出一个完整的长句子来。当孩子发现语言竟然能够与某种事物相配时，他就会不断地重复。比如，当孩子发现自己喊"妈妈"时，妈妈会用"唉"的一声作回应，他就会不断地喊"妈妈"，然后从"妈妈""唉"，"妈妈""唉"，"妈妈""唉"的一叫一应中感受这种回应带来的喜悦。这种看似枯燥、简单的重复对话，就是孩子语言敏感期的早期表现。

当然，孩子也会重复地模仿某个词或某些词，这些词或好或坏。在这个年龄段的孩子眼里没有好坏之分，建议父母尽量在孩子耳边说一些优美的语言。这样，孩子模仿出来的语言，也是优美的。

教育建议

1. 认识孩子的语言模仿的阶段

孩子的语言模仿分为 3 个阶段：一是对声音作出反应阶段，二是模仿发音阶段，三是用语言表达思想阶段。父母应该针对这 3 个阶段的不同特点对孩子多加引导，从而让孩子的语言模仿能力迅速发展。

在第一个阶段，尽管孩子听不懂，但父母也应该多与孩子交流，给孩子有声的玩具，孩子就会发出"咿咿呀呀"的声音；第二个阶段，孩子对周围的声音会更加敏感，常常会模仿，这时父母就应该帮孩子练习发音，让他模仿发音，进行模仿语言积累；第三个阶段，孩子可以用语言表达思想，父母除了与孩子多交流，还应该通过模拟自然界的声音来训练孩子的联想力，比如，可以教孩子模拟"哗啦哗啦"的流水声，或是"轰隆轰隆"的打雷声等。关于这些，在本书后面的章节中还会有比较详细的论述。

2. 面对不停喊"妈妈"的孩子不要生气

孩子不停喊"妈妈"是因为他找到了一应一答的乐趣。所以，当孩子这样喊时，妈妈不要生气，更不能用所谓的"教育"方法阻止孩子、吓唬孩子，也不能以妈妈忙为理由拒绝回应孩子。

3. 引导孩子模仿更优美的语言

有时候，孩子模仿的语言并不优美，就像故事 2 中的那个孩子。这时，父母一定要提高教育的敏感度，千万不能粗暴地干涉孩子，剥夺他模仿的权利。此时，父母应该引导孩子模仿更优美、更有意义的语言。

爆笑的"童趣语言"要纠正
——帮助说错话的孩子用正确的语言来表达（2.5~3岁）

身边故事

故事1

小区的绿地上，一个男孩和一个女孩正在摆飞机玩，他们都在3岁左右，旁边还有一位年轻女士，或许是其中一个孩子的妈妈吧！

这时，小男孩对年轻女士说："看，我在摆飞机的路。"

女士问："是跑道吗？你说的是飞机起飞和降落时的跑道吗？"

男孩想了一会儿回答道："不是，是飞机飞行时候的路。"

女士说："哦，那是航线呀！"

男孩立刻接着说："对，是航线！"

然后，男孩继续给女孩一边摆，一边讲："你看，这就是飞机的路！"

女孩问："你说什么？路？"

男孩立刻改口说道："哦，是航线！"

故事2

一位父亲讲过这样一件事。

有一次，一位朋友来家里做客。他看到我2岁半的儿子，非常高兴，于是就说了一句话："叫爸爸，我给你买好吃的。"结果，孩子还真就叫上了："爸爸！"当然，那位朋友真带着儿子到楼下小卖店，买了儿子爱吃的零食。

当我的儿子第二次见到那位朋友的时候，又主动叫"爸爸"了，弄得那位朋友乐得不行："哎呀，咱这儿子可太聪明了，一见到我就知道叫'爸爸'。走，买好吃的去！"

还有一次，我带儿子参加一个聚会。刚到会场，我的一个朋友迎面走来，这时，儿子一看见他就撒腿跑了过去。朋友一把就把我的儿子抱了起来，亲了他几下，还用胡子扎他。

结果，儿子非常认真地喊了一声："爸爸！"

朋友非常吃惊："不能乱叫，我是叔叔，不是爸爸！"

儿子也很奇怪地问："那你为什么长胡子呀？"

这时，我才想起来，原来我以前也曾经用胡子扎过儿子。所以，这位朋友用胡子扎儿子时，便勾起了儿子的某种记忆。

成长解码

一般来说，孩子两三岁时就到了一个学习词汇的敏感期，他会把自己的认知感觉同语言相匹配。对于这个时期的孩子而言，他们的认知感觉与匹配能力很强，并且非常乐于做这样的事情。孩子学习词语，并不是从名称中导出一个概念，而是从概念中导出一个名称。就像故事1中的那个男孩，开始他先用了一个词，很快他就学会了用公共词语或正规词语来表达。

父母要认同孩子，对他的正确匹配加以表扬。当然，如果发现孩子的认知与语言匹配得不正确时，父母也要及时进行纠正。

教育建议

1. 表扬、欣赏、鼓励孩子

在生活中，一旦发现孩子能将认知感觉同语言匹配时，父母应该欣赏他，鼓励他，给孩子以信任，强化孩子的这种正确认知。

2. 引导孩子多进行练习

孩子的认知是需要时间进行反复练习的。蒙台梭利曾说："如果反复进行练习，就会完善儿童的心理感觉过程。"所以，父母必须引导孩子从感觉走向概念，从具体到抽象，再到概念。

父母可以通过情景来帮助孩子形成概念。比如，孩子看到一个很好看的容器，他就会反复地摸呀、看呀，这时父母就应该告诉孩子："这是瓶子！"让孩子把这个概念同他大脑中的感觉匹配上。当父母把瓶子再拿起来让孩子触摸时，孩子感觉到的就是一个很具体的概念。然后，再拿一个印有瓶子图案的广告纸或书，让孩子再看。其实，纸上的瓶子就是一个半具体半抽象的东西。这时，如果用文字告诉孩子这是"瓶子"时，它就成为一个抽象的概念。

孩子对世界的认识从感觉开始，当他不断地触摸、感觉后，就会对他所感知的事物进行组织、分类、归纳，然后形成一个概念。父母要知道这个过程，并帮孩子把握好这个过程。

3. 纠正孩子不正确的匹配

故事2中的孩子把"爸爸"的概念给搞混了。在孩子眼里，凡是给他买好吃的、用胡子扎他的男人都是"爸爸"。其实，孩子并不笨，只是他建立的概念与事实出现了偏差。所以，父母在及时纠正孩子的同时，也要给孩子一个分辨并且认识的时间。

不停学舌的"小鹦鹉"没有错
——孩子天生就喜欢重复或模仿他人说的话（3~4岁）

身边故事

故事 1

雯雯已经3岁4个月大了，现在，她经常模仿妈妈说话。

妈妈："雯雯，我们到外面晒太阳好吗？"

雯雯："雯雯，我们到外面晒太阳好吗？"

妈妈："看，外面还有小朋友呢！"

雯雯："看，外面还有小朋友呢！"

妈妈："走喽，晒太阳去喽！"

雯雯："走喽，晒太阳去喽！"

......

雯雯一直在重复妈妈的话……

故事 2

菲菲3岁2个月大。一天，她拿着零食在小区的绿地上一边吃，一边玩耍。旁边一起玩的一个小男孩向菲菲要吃的。谁知，菲菲不给，还一本正经地说："我不愿意给你，你别吃了！"这时，小男孩就要伸手去抢菲菲手里的零食，菲菲大叫一声："哎呀！大事不妙了！快跑！"然后撒腿就跑。

原来，"大事不妙"这个词，是她刚听过的《白雪公主》里的，她已经学会用了。

故事 3

3岁的明明最爱吃豆沙糕了，现在，妈妈正在厨房里给明明做呢！明明有点等不及了，一会儿就往厨房跑一趟，还不时地问："妈妈，什么时候能吃呀？"妈妈说："别着急，要再等一会儿！"

不一会儿，明明又来到厨房，表情十分严肃地对妈妈说："妈妈，我正在'要等一会儿'呢！能吃的时候你叫我呀！"

妈妈先是一愣，随后就明白了，笑呵呵地说："好！"

成长解码

孩子三四岁时，就像一个学舌的小鹦鹉一样，别人说什么，他也说什么。而别人问他什么，他却不回答，只是重复别人的话。为什么会这样呢？实际上，虽然这时候孩子已经发现，一句话能表达一个意思，但是，他更喜欢表达，而且也有了模仿一整句话的能力。所以，他就开始了这种模仿游戏，而且对此乐此不疲。

有时候，孩子不断重复模仿别人的话，会令家长很苦恼，但这绝不是孩子淘气，也不是他们与父母作对。事实上，孩子已经进入了语言"高级"重复的阶段。父母只要与孩子快乐地做这样的句子表达游戏就可以了，这样能极大地促进孩子语言能力的发展，而父母也会从中感受到无穷的乐趣，感受到孩子的成长。

教育建议

1. 父母的口语表达要规范化

孩子模仿的语言、重复的话几乎都来自于日常生活。父母一定要注意自己在生活中的口语表达方式，不要太随意，要说规范的、准确的、文明的语言，给孩子创造一个干净的语言模仿环境。

2. 注意用语言来鼓励孩子

父母可以利用孩子在模仿重复别人语言的敏感期，用语言来鼓励孩子。比如，尽量对孩子说："宝宝，你真勇敢！""孩子，你真厉害呀！"孩子会重复这些话，而且这些话也会在孩子心中留下印记。在以后的日子里，当孩子遇到困难时，也许会记起儿时父母对他说的鼓励的话，从而战胜困难。

3. 有意识地去让孩子重复一些语言

父母可以有意识地引导孩子重复一些话，来训练孩子的语言表达能力。比如，晚饭后可以与孩子说说话，开始的时候说一些孩子已经会说的话，像"妈妈上班""爸爸开车""爷爷看电视""宝宝上幼儿园""老师再见"等短句，父母每说一句，孩子也会跟着说，而且有时候你会发现孩子很兴奋，甚至手舞足蹈、开心大笑等。这时，父母可以再教孩子说一些新句子，比如"爸爸打电话喂喂喂""路上汽车嘀嘀嘀""鸭子说话呱呱呱"等带有象声词的话，孩子会很喜欢重复。

面对故意说"坏话"的孩子有妙招（3~4 岁）

身边故事

故事 1

萌萌满 3 岁后，她稍微不如意，就边哭边大声喊叫："我打你，我打死你！"然后就挥舞着小拳头示威。不长时间后，她甚至会说"我捏死你！""我踢你！""你是猪！"等。总之，她会将她所知道的"有力量"的词都用上。

在这以前，如果萌萌遇到困难或挫折时，她只会以大哭来表示抗议。但是，现在的萌萌使用语言的能力很令人惊讶。她会说："我要把你从马桶里冲走！""我要把你撕碎！""我要把你压成肉饼！"等极端的话语。妈妈感到非常吃惊，她真不知道孩子为什么会说这些话。

现在，萌萌已经 4 岁了，即使在她很高兴的时候，她也会突然冒出一句诅咒的话。比如，当萌萌在客厅里随着电视中的音乐翩翩起舞时，她会突然一转身，脸上带着笑意对爸爸妈妈说："我要把你们都踢出去！"面对孩子突如其来的粗话，大家不知道该如何应对才好。

故事2

一位妈妈正在给3岁的女儿穿袜子，突然，女儿说了一句："坏妈妈，你弄疼我的脚了！"这位妈妈先是一愣，但马上就意识到孩子已经进入语言的敏感期了。所以，她没有生气，而是非常平静地对女儿说："袜子穿好了，你自己穿鞋子，然后去洗漱。"

看到妈妈对她的诅咒没有任何反应，女儿感到很惊奇。不过，她好像还是有点不太甘心，于是继续重复道："坏妈妈，坏妈妈……"妈妈依旧忙着手里的活儿。最后，女儿忍不住了，站在妈妈的面前，一本正经地说："妈妈，我说'坏妈妈'呢！"

妈妈还是很平静："妈妈听见了，现在该吃早饭了，走，我们去吃早饭！"看到妈妈一直没有什么反应，女儿觉得这个游戏很不好玩，于是就放弃了。

不过，女儿有时还是会在其他人身上玩这个游戏，比如对爸爸说："臭爸爸！"对爷爷说："坏老头爷爷！"对奶奶说："笨老太太奶奶！"

这位妈妈非常有心，她为了帮女儿度过这个敏感期，与全家人达成一致意见，无论女儿说多么难听的话，全家人都不作回应。不到两个月，女儿觉得没意思，就把这个游戏彻底放弃了。

成长解码

当孩子三四岁时，他就会慢慢地发现语言具有某种力量，而最能够表现语言力量的话语就是骂人的话，就是粗话，就是诅咒。比如，孩子会冷不丁地说一些莫名其妙的话，像"我打你""大傻瓜""你是猪""你走开"等。而且，如果成人对孩子的诅咒反应越强烈，孩子就会越喜欢说这样"有力量"的话，他们会没轻没重、没完没了、乐此不疲地使用这些话。实际上，这一切都说明孩子讲粗话的敏感期已经到了。对此，父母最好冷处理，不要有任何的反应，更不要作过多的回应。

教育建议

1. 认识到孩子并不是在学坏

面对讲诅咒语言的孩子，很多父母都非常敏感，认为孩子讲这些话是在学坏。其实，当孩子讲粗话或者是说一些诅咒的话时，可能并不明白这些话的含义，只是看着别人高兴或不高兴的时候这么说，他也就学着说了。孩子只不过是想引起别人的注意，或是宣示自己的个性而已，而不管别人的反应是好还是坏。

2. 对孩子的诅咒要冷处理

很多孩子之所以以说脏话为乐，就是因为父母对此表现得过于震惊，甚至还威胁孩子说，如果继续说脏话，将如何去惩罚他。其实，这样做的结果是适得其反。孩子可能会想："哈，这可真是一个惹他们注意的好方法。真有趣！""我找到战胜爸爸妈妈的办法了！"可见，父母如果作出比较过激的反应，对孩子反而是一种刺激，他就会更喜欢去说这样的话。

所以，父母不要把这种情形视为洪水猛兽，也不要强行地去制止孩子的"恶劣"行为，更不要对孩子大发脾气、动手打孩子。父母可以像故事2中的家长一样，不予理睬，也不急于纠正，而是继续做手边的事情，这时孩子就会感到说脏话这种行为索然无味，很快就不会再说了。

3. 找到脏话的源头

父母一定要找到孩子讲粗话的源头。孩子可能是从父母、其他小朋友、其他成人的口中，或者电视等渠道学会的粗话。所以，要尽量从源头上予以杜绝，让孩子减少讲粗话的机会。比如，当他人无意在孩子面前说出脏话时，父母最好提醒他们，不要在孩子面前说不雅的话。当然，父母也要以身作则，反省自己是否当着孩子的面讲过粗话，如果讲过，一定要立即改正。

爱说"悄悄话"的孩子最美

——感受语言的魅力（3~4岁）

身边故事

故事 1

一位妈妈发现，最近她3岁多的女儿突然变得爱讲悄悄话了，一会儿趴在爸爸耳边说一阵，一会儿趴在奶奶耳边说一阵。

晚饭后，妈妈正在沙发上看书，女儿又跑到妈妈跟前，凑到耳边说了一阵悄悄话。女儿说完后，非常兴奋地问："妈妈，你听明白了吗？"妈妈摇摇头说："没有，你说的什么？"于是，女儿继续在耳边说。妈妈还是没听到，就回头看了女儿一眼，这时，妈妈发现，女儿只是嘴唇在动，根本就没有发出任何声音来。

故事 2

有这样一位爸爸，之前他的儿子已经跟他说了太多的悄悄话了，每次都问"听到了吗""明白了吗"等，而他也非常配合，就说"听到了""明白了"。然后，悄悄话就算结束了。

一天晚上，儿子又凑到爸爸耳边"说"悄悄话，说完之后，又问："爸爸，你听到了吗？"这一次，爸爸郑重其事地说："爸爸听到了，你是不是说你非常爱爸爸呀！"

孩子听到爸爸说的跟以前不一样，先是一愣，然后，他兴奋地趴在爸爸耳边继续讲悄悄话。这一次跟以前很不一样，儿子的悄悄话已经有声音了。这位爸爸清清楚楚地听到儿子在说："爸爸，我很爱你！"

这时，爸爸也凑到儿子的耳边说："儿子，爸爸也很爱你！"

爸爸这样的举动一下子就把儿子的兴奋点给调动起来了。于是，儿子再一次趴在爸爸耳边说起了悄悄话："我还很爱妈妈，也很爱爷爷、奶奶，也很爱姥姥、姥爷，也很爱老师，也很爱小朋友……"这次，儿子的悄悄话讲了好一会儿。

就这样，儿子真的学会了说悄悄话。

　　很长一段时间，儿子都是这样兴奋地与爸爸妈妈说这样的悄悄话。而且，儿子的语言表达能力明显提升了很多。

成长解码

　　随着孩子对语言使用次数的增多，三四岁的他会发现语言有很多种表达方式，既可以在很多人面前大声喊叫，也可以在两个人之间悄悄地说。孩子会通过这种无声的语言来感受语言的魅力。其实，"说"悄悄话也是孩子语言敏感期的一种特殊表现。

　　这种"悄悄话"可真是够"悄悄"的，因为只是孩子的嘴巴在动，根本就没有话说出来。而且，孩子还一本正经地问："你听懂了吗？"如果你说"没听懂"，他还会继续说，直到你"听懂了"为止。这时候，孩子正在感受语言的魅力，父母一定要配合孩子。

教育建议

1. 要欣赏并配合孩子

　　父母千万不要忽略配合的作用，这能让孩子的语言表达能力得到很好的锻炼，而且也会促进孩子思维、想象力的提高。相反，如果不配合，甚至呵斥孩子的话，孩子的"悄悄话"敏感期就会很快过去，当然孩子的语言表达能力的提高也会受到影响。

2. 利用悄悄话引导孩子想象、表达

　　当父母了解了孩子的"悄悄话"敏感期后，可以利用孩子的悄悄话来引导孩子想象，进而更多地表达自己，从而增进与孩子之间的亲子关系。就像故事2中的父子那样。

　　可见，如果父母能利用好孩子讲悄悄话这个敏感期，并用自己的爱心与耐心与孩子一起讲，一起成长，孩子一定会非常开心，非常健康，也能够体会到说悄悄话所带来的极大快乐。当然，孩子语言表达能力的提高也是水到渠成的事情。

3. 主动与孩子讲悄悄话

父母也可以主动与孩子讲有声的悄悄话，这种说话方式很容易吸引孩子的注意力，而且孩子也会愿意以同样的方式与父母交流。这样，孩子会在悄悄话中与父母沟通情感，感受到父母对他的爱。

"喂，谁啊？"孩子总是抢电话
——教孩子正确地接打电话（3~4岁）

身边故事

故事 1

一家人正在吃晚饭，突然电话铃响了。大人还没来得及去接，3岁半的洋洋就放下碗筷，立即跑向电话，拿起电话就连珠炮似的说："喂，你好！请问你找谁？好的，拜拜！再见！"说完，就放下了电话。

然后，他又回到饭桌前，高高兴兴地吃起饭来，样子就像是一个打了胜仗的大将军。

故事 2

3岁的苗苗只要一听到电话响，就必须要接。即使爸爸妈妈接起电话来，苗苗也一定要凑到电话跟前，把耳朵贴在电话上听。

大部分电话都是爸爸妈妈的朋友的，所以，爸爸妈妈不想让这个小家伙捣乱。结果，爸爸或妈妈接电话，苗苗就在旁边又哭又闹。

看到苗苗这么想接电话，妈妈有点不忍心了，于是就想满足她的愿望。突然，电话铃响了，是妈妈在另外一个房间用无绳电话拨打过来了。这下，可没人跟苗苗抢电话了，她拿起电话来说："喂，你好！请问你找谁？"当听到是妈妈的声音，苗苗乐坏了。于是，她们母女俩煲起了电话粥。

电话那头的苗苗发出了阵阵银铃般的笑声……

成长解码

很多三四岁的孩子会对接电话产生浓厚的兴趣，因为当孩子发现语言也能从机器里传出来时，就会很兴奋。所以，一旦孩子听到电话铃声响，就会飞奔到电话旁，拿起电话。孩子根本不关心电话那头是谁，想说什么，他们只是在探索语言。当然，有的孩子也会跟电话里的人聊上几句，比如故事2中，孩子非常享受与妈妈在电话中聊天的那段时光。

教育建议

1. 正确看待孩子接电话

当孩子发现电话里也能传出语言时，他会为这个奇妙的发现兴奋不已，会非常喜欢接电话。但是孩子并不懂得怎样与电话那端的人沟通，对于接电话的过程和礼仪并不了解，只是简单模仿父母或成人接电话时说得最多的话而已。

对于这一点，父母一定要正确看待。即使因为孩子的行为错过了非常重要的电话，父母也不应该冲孩子发火，而应该欣赏他这种行为，并考虑应该怎样教孩子学会正确地接打电话。

2. 教孩子正确地接电话

父母有责任把接电话的常识教给孩子，建议家长模仿故事2中主动给孩子打电话的妈妈。这样既训练孩子的语言表达能力，又对提高孩子以后的交往、沟通能力大有帮助。

3. 教孩子正确地打电话

父母也应该有意识地教孩子学习打电话，提升与人沟通的能力。比如，可以让孩子给爷爷奶奶打电话，问候一下老人。当自己加班晚回家时，孩子也可以打电话问问情况，这会有助于加深亲人之间的情感。

鼓励"口吃"的孩子慢慢说
——"口吃"是孩子逻辑思维能力在发展的表现（3~4岁）

身边故事

故事 1

4岁的楠楠从楼下跑到自己家，然后大声喊："妈妈，妈妈——"

妈妈听到后，赶紧从厨房跑出来，问道："楠楠，怎么了？"

楠楠看上去有点着急："我……我……告诉……你，一……一个……事……"

看到平时说话好好的楠楠一下"口吃"了，妈妈很是着急，于是大声说道："别结巴，好好给我说话！"

楠楠看到妈妈凶巴巴的样子，更着急了，结果，她到嘴边的话怎么也说不出来了。

故事 2

星期五晚上，3岁半的琳琳一直很兴奋，都快10：00了，她还没有要睡觉的意思。于是，妈妈就哄琳琳，说："不早了，别闹了，琳琳，赶紧上床睡觉吧！"

琳琳有点不情愿，但还是爬上了自己的小床。妈妈坐在琳琳身边，轻轻地拍打她入睡。突然，她好像想起了什么事情，一下变得很激动，按捺不住心中的兴奋说："妈妈，明……明天……"

妈妈知道，这是孩子语言敏感期的一种特殊表现，便安慰琳琳说："别着急，慢慢说！"可是，琳琳还是"口吃"，想说的话就是表达不出来。

这时，妈妈突然想起了什么，她赶忙说："琳琳，你是不是想说明天你想让妈妈带你去动物园呀？"听妈妈这么一说，琳琳说："是，妈妈，去动物园看大老虎！"

成长解码

一般来说，孩子在2岁左右时，只能说200来个词，但到3岁时，能讲的词汇会猛增到900个，能够使用主语、动词、形容词等表达比较复杂的意思了；到4岁时，词汇就会增加到1600个左右，能和他人比较随意地交谈，在语言质量方面也有较大提高。尽管如此，三四岁孩子的语言表达能力仍处在流畅表达的初期，想说的话有时候并不能很容易地完全表达出来，因为他并不能迅速选择与他的想法相匹配的词汇。

另外，三四岁的孩子已经开始有了逻辑思维能力，随着他们语言能力的提升与发展，他们希望用更好的语言来表达自己的想法和认识。但这个时候，孩子的语言储备却往往还是跟不上他们思想的发展速度。换句话说，就是孩子的语言和思维常常会脱节，于是就会以"口吃"的形式表现出来。当然，如果孩子比较兴奋，又急于表达自己的时候，也会出现"口吃"的现象。其实，在这个年龄段的孩子身上出现的"口吃"现象并不是真正的口吃。遗憾的是，很多父母对此并不了解，往往会非常严厉地批评孩子。结果，孩子的"口吃"现象反而越发严重，甚至最后真的变成了口吃。

教育建议

1. 不要讥笑、斥责孩子

当父母面对孩子暂时的"口吃"现象时，千万不要讥笑、斥责孩子，更不能打骂或是惩罚孩子，就像故事 1 中的那位妈妈，凶巴巴的样子会把孩子吓坏，想说的话当然就更表达不出来了。即使是父母下意识地要求孩子"好好说，别结巴"也是不可取的，这也会加重孩子的心理负担，让孩子产生更强的紧张和胆怯情绪，从而加剧孩子的"口吃"程度。

2. 多些耐心，鼓励孩子慢慢说

当孩子"口吃"时，父母一定要有足够的耐心，鼓励孩子慢慢说，别着急。就像故事 2 中的那位妈妈一样，甚至可以帮孩子把他想说的话说出来，以缓解孩子的表达压力。这样，一方面是表示对孩子的理解，另一方面也是在教孩子如何正确地表达。

3. 放低自己对孩子的要求

在孩子有"口吃"现象发生的这段特殊时期内，父母应该注意放低自己对孩子的要求，给孩子提供一个相对宽松的语言环境。比如，可以经常与孩子一起朗诵童谣，教孩子一些健康向上的顺口溜等；孩子一时说不上来时，父母可以给孩子一个微笑、一个安慰或是一个提醒，从而帮助孩子顺利度过这个特殊的敏感期。

4. 要学会等待孩子表达

一位父亲曾说："当我女儿出现'口吃'的现象时，最初我不明白她想说什么，我就会耐心地等待，直到她经过几次'口吃'，终于把自己的意思表达出来后，我会蹲下来，看着女儿的眼睛，慢慢地重复一次她刚才说过的话，然后再让她自己慢慢再说一次。有时候女儿不会表达或者表达的意思不对时，我就会告诉她正确的词语，让她再重复一次。就这样，经过几次训练之后，女儿并没有感觉到自己的'口吃'问题，心理上也没有受到什么伤害，反而词汇量增加了很多。"这是一位有智慧的父亲，他懂得等待孩子表达。所以，父母要摆正心态，不急不躁，要学会等待孩子表达。

5. 对孩子的持续口吃现象不要掉以轻心

一般来说，孩子这个时期的"口吃"现象是语言敏感期的一种特殊表现，不需要治疗。但是凡事都有例外。如果这种现象因为某些因素而持续下去，父母也不要掉以轻心。如果觉得有必要，就去正规医院做诊疗，要搞清楚是心理原因还是生理原因，然后对症下药，配合治疗，以免影响孩子语言能力的健康发展。

解码爱哭孩子的心

——引导孩子用语言表达感受或想法，而不仅仅是哭泣（3~6岁）

身边故事

故事 1

一个3岁的男孩在客厅里兴致勃勃地玩玻璃球。可能是因为推动玻璃球的力气大了点，玻璃球滚出好远，最后滚到了长沙发底下去了。

男孩伸手去摸，摸了好一会儿也没有摸到。于是，他就哭了起来，而且还用手指着沙发底下，想以此来吸引妈妈的注意力，让妈妈把玻璃球给他找出来。

可是，妈妈正在厨房忙着做饭。也许是孩子的哭声把妈妈惹烦了，她来到客厅。但是，她没有看出孩子的需求，就朝着孩子的屁股拍了两巴掌，而且还非常严厉地对孩子说："让你哭，有什么好哭的！"结果，孩子的哭声更大了。

故事 2

有一次，5 岁的雨霏与爸爸一起逛商场，就要离开时，雨霏拉住了爸爸的衣襟，恳求地说："爸爸，我再玩一会儿。"雨霏并不是贪玩的孩子，只是她被柜台里漂亮的商品吸引住了，她的眼里充满了想要得到玩具的神情。

可是，爸爸却装作没看出女儿的心思。他认为，女儿想要什么，应该有勇气表达出来，而不应该让人去猜。

过了一会儿，爸爸看雨霏什么也不说，就拉她要走。这时，雨霏委屈地哭了。但爸爸反而平静地对她说："雨霏，你想要什么呀？说出来，爸爸就给你买！"

雨霏终于忍不住了，她带着哭腔说："爸爸，我……我想买一样……东西。"

爸爸说："买什么？说话不要吞吞吐吐的，想要什么就大胆地说出来。"

最后，雨霏鼓起勇气说："我想买那个洋娃娃！"于是，雨霏得到了那个洋娃娃。

这件事以后，雨霏无论有什么要求，有什么委屈，她都不用哭表达了，而会直接用语言表达出来。

成长解码

孩子本来是能用语言表达自己心中的感受或想法的，但如果父母不给予正确引导，孩子一般会选择用哭泣的方式来吸引父母或其他人的注意，以此来表达他的需求或委屈感受。父母应该读懂孩子的表达方式，并试着去让孩子用语言表达来代替哭泣。

故事 1 中的那位妈妈，不问青红皂白就把孩子打一顿的做法是非常不可取的。遗憾的是，这样的做法在今天的很多家庭都很常见。其实，这对孩子幼小的心灵是一种严重的伤害，甚至会扭曲孩子的性格，阻碍孩子智力的发展。

故事 2 中的爸爸引导孩子用语言代替哭泣表达自己是一个非常好的案例，可以给父母以启示。所以，父母应该正确面对孩子的敏感期，用恰当的方式引导孩子表达自己的想法。

教育建议

1. 不要让孩子觉得委屈

下面的场景在生活中可能经常见到。

一个孩子在路上走着或跑着，不小心被石头绊倒了，可能孩子还没来得及或根本就没想到哭泣时，妈妈就赶紧把孩子扶起来，嘴里还振振有词："该死的石头，坏石头，把我们家宝宝绊倒了，宝宝不哭，我们把石头扔掉！"

本来孩子没哭，在听完妈妈这一顿说词后，孩子竟然委屈地哭了。

这是父母误导孩子思维方式的一种表现。在孩子学习语言的敏感期内，他不但要学习事物的名称等具体知识，还要学习一些逻辑、因果关系等抽象知识。上面这位妈妈向孩子传达了一个错误的因果关系。孩子被石头绊倒了，本是孩子自己的错误，与石头无关。孩子本来没有想找石头"算账"，而"聪明"的妈妈却自以为是地把责任推给了石头。在这种情况下，孩子自然会感到很委屈，于是就会用哭泣的方式来表达内心的"委屈"。

2. 鼓励孩子用语言表达自己

父母在孩子的语言敏感期内，要教孩子学会用语言表达自己，而不是用哭泣引起别人的注意。

有一位妈妈买了一些非常好吃的蛋糕。儿子吃完那块蛋糕后，就用手指着盛蛋糕的盒子哭。妈妈知道他想做什么，但还是故意问他："你想要什么？告诉妈妈，妈妈就给你拿！"结果，孩子带着哭腔说了两个字："蛋糕！"

妈妈非常耐心而又温和地说："别哭了，你说'妈妈，我想吃蛋糕！'妈妈就拿给你吃！"儿子不哭了，奶声奶气地说："妈妈，我想吃蛋糕！"

于是，妈妈就又给他拿了一块蛋糕，他如愿以偿，呵呵地笑了……

后来有一次，晚饭后爸爸在书房看书，妈妈在卧室织毛衣，儿子在客厅里玩耍，突然停电了，屋子里一团漆黑。让妈妈感到惊奇的是，儿子竟然没有哭，反而大声说："妈妈，快来，我怕……"

这个男孩面对黑暗的屋子，能够表达自己，不哭泣，与妈妈的引导有很大的关系。在平时的生活中，他的妈妈帮他养成了正确的思维方式，那就是：先用语言表达自己的想法或感受，或是用语言向父母寻求帮助，再表露自己的情绪，或是根本就不用表露。

　　所以，父母一定要抓住孩子学习语言的敏感期，引导孩子学会表达，而不能任由孩子用哭泣来发泄自己的情绪。

3. 随时提醒自己引导孩子

　　父母大都很心疼自己的孩子，一旦孩子哭得很委屈时，父母（尤其是母亲）的心可能都在颤。越是这种时候，就越应该提醒自己要理智，要正确地引导孩子学习用准确的语言来表达自己。

第二章
秩序敏感期
（2~4 岁）

秩序敏感期是指孩子对于物体的定向位置以及活动的安排次序极其敏感的一段时期。孩子需要一个有秩序的环境来帮他认识事物。一旦环境中的某种秩序被打乱，孩子会变得焦虑，甚至会大发脾气。在这个时期，孩子喜欢给物品找"主人"，会给物品"归位"，也会因为不符合他的心意或顺序而要求"重来"，还会重复做他喜欢的事情……蒙台梭利认为，如果教育者没有为孩子提供一个有秩序的环境，孩子就没有办法建立起对各种关系的知觉。当孩子从环境里逐步建立起内在秩序时，智能也会因此而逐步提高。

孩子喜欢给物品找"主人"，不喜欢别人用不属于他们的东西

——孩子的秩序感开始形成（2~4岁）

身边故事

故事1

一天，爸爸带着2岁半的儿子去看望爷爷。正当全家人在一起其乐融融地吃着可口的饭菜时，突然，儿子生气地冲着爷爷大声喊起来，一只小手还指着爷爷的脚。

爸爸赶紧问儿子："怎么了？怎么回事？"儿子伤心地说："爸爸的拖鞋！"

此时，儿子非要让爷爷把拖鞋换下来，让爸爸穿，否则他就不肯吃饭。

原来，昨天爸爸进爷爷家门后换的拖鞋就是那双蓝拖鞋，儿子以为爸爸第一天穿的那双拖鞋就是爸爸的，别人不能乱穿了。当爷爷脱下了蓝拖鞋，给了爸爸，爸爸脱下拖鞋给了叔叔后，儿子才满意地吃起了饭。

在之后的几天，儿子只要看到别人穿了那双"爸爸的蓝拖鞋"，他就会大喊大叫，直到那个人把那双鞋脱下来他才停止喊叫。

故事2

3岁多的旺旺把自己的鞋子弄湿了，于是妈妈就把刚买的那双新鞋子拿出来，想给旺旺换上。可是，旺旺却大声说："不穿！不穿！"

妈妈很纳闷，问道："为什么呀？"

旺旺非常认真地说："这不是我的鞋子！我不穿别人的鞋！"

妈妈说："这是妈妈给你买的鞋，穿上吧！"

旺旺还是坚持说："不，我的鞋不是这样的！"他就是不肯穿。

这时，妈妈想起了孩子的秩序敏感期，她想，这种内在的秩序已经在孩子的心中形成了。于是，妈妈没再坚持，而是赶紧把旺旺弄湿的那双鞋子拿去烘干。

成长解码

两三岁的孩子非常喜欢给物品找"主人"，比如，妈妈经常穿的拖鞋会被孩子称为"妈妈的拖鞋"，爸爸经常用的电脑会被孩子称为"爸爸的电脑"……孩子不让别人用其他人的东西，而且他自己也不用其他人的东西。家中的各种物品在孩子的心中已经形成了秩序，一旦秩序被打乱，孩子就会认为是很大的事情，并且会努力恢复秩序。所以，在这个敏感期内，孩子时常给物品找"主人"的现象很常见，父母千万不要对孩子的行为产生不耐烦的情绪。

教育建议

1. 要满足孩子的要求

当孩子看到父母或家人穿的鞋子、坐的座位"不对"而要求更换时，父母应该满足孩子的要求，而不应该认为孩子是在任性，是在没事找事。孩子的这种行为是正常的，表明他已进入了秩序敏感期。故事1中，大人的做法是可取的，他们的做法不是一味地迁就孩子。

2. 培养孩子的好习惯

故事2中，如果父母拗着孩子，硬要给孩子穿上新鞋，会破坏孩子内在的秩序感，孩子将来可能会见到哪双鞋，就穿哪双，根本不管是谁的鞋子。所以，父母一定要抓住孩子的这个敏感期，培养他的好习惯，比如，不是自己的东西不能拿，不能用，向孩子传达并强化这样的观念，帮孩子正确认知并培养孩子的良好习惯。

理解孩子的"归位"行为
——孩子在有秩序的环境里才会感到安全（2~4 岁）

身边故事

故事 1

　　一位爸爸骑自行车带 3 岁的儿子去书店，儿子从此记住了从家到书店的路。当再去书店时，儿子要求爸爸必须走上次的路，而且自行车也要放在同一个停车场的同一个位置，就连车把朝左还是朝右都必须一样，不能有任何改变，否则他就哭闹。

　　有时候，爸爸带儿子去外面吃饭或办事，儿子要求爸爸停放自行车的角度必须和旁边的自行车一样，要是不一样，儿子就会说："爸爸，把车把转过来，就像那个自行车一样！"他一边说还一边指着旁边的自行车，简直比看守自行车的工作人员还严格呢！

故事 2

　　小宇 4 岁了，他每次进家门后，总是把鞋子脱下，穿上自己的小拖鞋，再把刚脱下来的鞋整整齐齐地摆在鞋架上。他的动作非常有秩序、非常自然，根本不用妈妈提醒。

　　有一次，妈妈给他擦脸，小宇竟然推开了妈妈的手说："妈妈，我要用自己的毛巾！"听小宇这么一说，妈妈才意识到自己因为太忙乱，手里拿的毛巾并不是小宇的。

　　到了吃饭时间，小宇会把餐具摆放得整整齐齐。当他发现爸爸妈妈的餐具没有摆正时，就主动帮忙把餐具摆正；吃完饭后，他会把自己的椅子归位。如果小宇发现爸爸或妈妈的椅子没有推到餐桌下面，他就会帮忙把椅子推进去……

故事 3

　　在幼儿园，3 岁的松松拿着出了点毛病的拼图来找老师："老师，这个拼图坏了！"

　　老师说："哦，是坏了，给我吧，你先回去！"

　　松松把拼图递给了老师不舍地离开了，老师随手把拼图放在了自己的办公桌上。

　　过了一会儿，松松说："老师，我把这个拼图归位吧！"

老师说："不用了，先放在这里吧，我一会儿拿去修一下。"

松松点点头，就离开了。

又过了一会儿，松松又来到老师的面前。这回，老师一下明白了松松的意思，于是笑着把拼图递给松松，让他去归位。

拼图归位后，松松一副轻松而又心满意足的样子，坐在小板凳上，还开心地冲着老师笑了一下！

故事4

有一天，7个月大的女儿不停地哭闹，妈妈赶忙安慰她："怎么了，宝宝？"随后妈妈检查了女儿的尿布。但她发现尿布是干的。妈妈心想，宝宝刚吃了奶，应该也不是饿了。看宝宝躺着的姿势，也看起来很舒服……问题到底出在哪儿呢？

妈妈再次观察女儿，结果她发现女儿一边哭，一边用眼睛瞅着某个地方。她顺着女儿的眼睛望去，发现了一把雨伞。原来，妈妈打算一会儿下楼买东西，因为担心天会下雨，就提前将雨伞准备好。妈妈放伞的位置，恰好女儿一眼就能看到。

难道女儿不喜欢这雨伞？妈妈心想，然后就将雨伞拿开了。有趣的是，妈妈将雨伞拿走后，女儿马上不哭了。

成长解码

秩序敏感期最早孩子三四个月大时就出现了，但是因为孩子小，不会表达，而父母又缺乏经验，所以很多情况下，父母找不到孩子哭闹的原因。故事4中那个7个月大的孩子对雨伞的摆放位置非常敏感，她用哭闹的方式提醒父母。如果父母足够心细，便能帮孩子缓解焦虑，停止哭闹。

在处于秩序敏感期的孩子眼中，周围的环境在孩子的头脑中留有深刻的印象，他们认为周围的环境是一个彼此相连的整体。只有在有秩序的环境中，他才会感到安全。所以，当他看到那些没有"到位"的东西时，就会有一种不安全感，这种感觉就会促使孩子去"归位"。

在没有安全感的环境中，孩子很难对周围的环境进行有效的认知，所以他们的哭闹是正常的。

教育建议

1. 理解孩子的"归位"行为

在秩序敏感期的孩子，有把物品"归位"的冲动，如果不归位，他就会感到很焦虑。就像故事3中的那个孩子，虽然暂时离开两次，但他的心始终没有离开，内心非常渴望把拼图归位。当老师看明白孩子的心思时，就主动让孩子去把拼图归位，这时，孩子才真正松一口气。所以，父母应该理解孩子"归位"的行为，允许孩子"归位"。

2. 认同孩子的"固执"行为

父母应该认同处于秩序敏感期孩子的"固执"行为。比如，孩子会把全家人的鞋子都按顺序排好，会把自己的餐具摆正，吃完饭后会把自己的椅子归位……其实，孩子在无形中做了很多事，如果孩子不做，父母就得去做。所以，父母要利用孩子"归位"的敏感期，培养锻炼他的自理能力。当孩子做好事时，要鼓励他，表扬他，强化他的这种行为。

这样，一段时间过后，当孩子对"归位"不再敏感时，他已经养成"做自己力所能及的事情"的习惯了。从这个角度来看，孩子对秩序的敏感就变成了一个培养孩子自理能力、养成好习惯的好机会。可见，一定的秩序感有助于习惯的养成，习惯成自然就会转换为人格特点。

3. 与孩子做"归位"游戏

在孩子的秩序敏感期内，父母可以尝试与孩子做一些小游戏来增强他的秩序感。这里分享一个小游戏：父母将一张白纸贴在墙上，在纸上画出一大块地方来，告诉孩子，这块地方就是"飞机场"，并在"飞机场"上写上家庭成员的称谓。然后，再用纸做成"飞机"，在上面也写上家庭成员的名字。这时，父母可以先让孩子观察一下"地形"，再让他把"飞机"降落在"飞机场"相应的位置上。

这个游戏一方面可以增强孩子的秩序感，另一方面也可以引导孩子认识家庭成员的名字，可谓是一举两得。

孩子的"重来"行为不是任性，更不是无理取闹
——批评或打骂孩子是对孩子秩序感的扼杀与摧残（2~4岁）

身边故事

故事1

3岁的毛毛家在4楼，他每天回家都有一个固定程序：每上一层楼，就会按亮一盏灯。当爸爸或妈妈打开家里的门时，毛毛再按亮家里的灯。如果某天父母比毛毛先按下某盏灯，毛毛就会大哭，他一定要让爸爸妈妈把灯关了，然后由他来重新按亮。

故事 2

3 岁的轩轩每天晚上睡觉前都会喝一杯酸奶。而且，他喝酸奶的过程中，有自己一套严格的步骤，一点都不能错：先爬到小床上，脱下衣服，钻进被窝坐着，拿过瓶装酸奶，把外包装撕去，然后用瓶盖扎一个小眼，再用手把小眼抠成小洞，把吸管插进去，然后开始喝。

轩轩这套喝牛奶的程序一点都不能变，如果谁帮他做了一步，他就会哭喊，而且还会要求拿瓶新的，重新开始……

故事 3

爸爸抱着玩累了的儿子回家，刚一进门，儿子醒了。儿子的第一句话就是："爸爸，我还没有坐电梯呢！"

爸爸只好跟他解释："你坐过电梯了，刚才你睡着了，我抱着你坐电梯上来的呀！"

但是儿子根本就不听爸爸的解释，大哭了起来。儿子一边哭，一边说："我还没坐电梯呢！我还没坐电梯呢！我要坐电梯！我就要坐电梯！"

爸爸生气了，冲着儿子大声喊了几句。但根本就不管用，儿子的哭声更大了……

最后，儿子哭累了，然后就睡着了。没想到，儿子睡醒后，还是哭，说："我还没坐电梯呢……"

成长解码

孩子在秩序敏感期，会对顺序异常敏感，如果顺序不对，就要重来。比如，当全家人进门的顺序不对时，大家就得乖乖地听孩子的指挥，重新进门；平时都是孩子用遥控器关电视，但有一天爸爸用遥控器把电视关了，孩子就会要求爸爸重新把电视打开，然后再由他用遥控器关上；当妈妈为家人盛饭的顺序不对时，也要全部倒掉重新再盛……其实，这些都是孩子在秩序感中所表现出来的特有行为。

面对孩子的"重来"行为，父母不能武断地认为孩子是任性，是无理取闹，更不能因此去批评孩子，打骂孩子，那将是对孩子秩序感的扼杀与摧残。

教育建议

1. 了解孩子对世界的认知过程

对于年龄小的孩子来说，这个世界是以不变的秩序与程序存在的，这种秩序与程序已经进入了孩子的内心，并成为他最初的内在逻辑。后来，这种逻辑开始改变，不变的逻辑核心会被抽象出来，在这个基础上，事物的形式就可以变化了，甚至可以有无穷无尽的变化。这个过程，每一位父母都应该了解。

有的父母可能会感慨：我们还真不知道孩子的心里到底有多少秘密！蒙台梭利曾经指出，孩子的世界是一个神秘的世界，他的心灵是一个神秘的深渊，照料他的成人并不了解它。其实，当父母不了解孩子内心的时候，就应该怀着一颗敬畏之心，给孩子爱，给孩子自由。

2. 认识并尊重孩子内心的秩序

如果父母或其他人无意间破坏了孩子的这种内在秩序，或是有意地用强硬的措施打乱了孩子的这种秩序，就会给孩子的内心带来极大的伤害。当他内心的秩序一次又一次地被破坏而得不到恢复时，那种不安全感很有可能伴随孩子的一生。所以，父母一定要读懂孩子的行为，认识并尊重他内心的秩序。这样，孩子才能享受敏感期，才能健康快乐地成长。

3. 与孩子一起玩"重复"的游戏

对孩子来说，"重复"是他建立秩序感的最重要方法之一，也是他感知周围环境的重要方法之一。父母不要认为这些游戏很无聊，在孩子看来这些游戏很有趣。如果有意识地与孩子一起玩他喜欢的这些"重复"游戏，其实就是在帮助孩子去体验秩序带给他的无限快乐。同时，孩子的秩序敏感期可能会缩短，孩子的身心会更愉悦，更健康！

4. 管住自己，千万别发火

父母要高兴地与孩子一起"重来"，不要发火，尽量做到与孩子自然、轻松地重复他们特有的秩序，试着和孩子享受这一切。一旦家长做到了，孩子也会很享受亲子时光。从而，孩子会有一个非常好的心态，他会变得安静、快乐，心中充满爱的温暖。

不厌其烦地做自己喜欢做的事情
——孩子在体会秩序感带来的快乐（2~4岁）

身边故事

故事 1

　　一个 3 岁多的小女孩，坐在房间的角落里安静、专注地玩耍。她把自己全部的精力都集中在了游戏中——将很多五颜六色的小玻璃球一颗颗地放到玻璃瓶中。

　　每当一个小玻璃球落到瓶子里的时候，就会发出悦耳清脆的撞击声。这个小女孩一直重复着这一个动作，当她把所有的小玻璃球都放到瓶子里后，就再把它们都倒出来，然后再放到玻璃瓶里。

　　该吃午饭了，妈妈喊了小女孩 4 次，可她根本没听见。直到妈妈走到小女孩身边，把瓶子和小玻璃球都收起来后，她才恋恋不舍地离开。

故事 2

　　最近，3 岁的儿子特别喜欢藏东西，藏了东西还一定要让妈妈去找。这不，他又把妈妈刚给他买的小皮球藏到大衣柜的角落里了。妈妈本来看到了，但她假装没看见。妈妈还一边一本正经地找，一边自言自语："藏到哪里了呢？"最后，妈妈假装像发现新大陆似的在角落里找到了小皮球。儿子看妈妈找到了，乐开了花，高兴得直蹦。

　　然后，儿子接着藏，结果还是藏到了原来的地方。这回，妈妈又假装到处找，还是没找到。最后，妈妈也没有到那个角落里找皮球。这下，儿子忍不住了，他一下跑到那个角落里，把皮球拿了出来，朝着妈妈晃了一下，然后又放到了角落里，对妈妈大声说："妈妈，皮球在这里呢！快来找呀！"

　　但是，妈妈还是假装什么也不知道，还是没去那个地方找。突然，儿子跑到妈妈面前，有点生气地说："妈妈，小皮球就在那里，你为什么不去找呢？"儿子一边说，还一边用小手指了指那个角落。妈妈发现儿子脸上一副很失望的表情。

成长解码

处于秩序敏感期的孩子，需要用这种重复来建立自己的秩序感。但是这种重复不是成人所能理解的。就像故事1中的小女孩，在成人看来，她这样反复把玻璃球放进瓶子里的游戏是无聊的，成人无法理解孩子为什么对此那么痴迷、热衷。还有故事2中的小男孩，因为成人认为，谁都不希望别人找到自己藏的东西，所以这位妈妈假装找不到东西。但是，孩子对此非常失望。什么原因呢？原来，在这个游戏中，孩子的秩序被妈妈打乱了。他藏东西，就是为了让人找到，从而产生秩序感。但是如果妈妈假装找不到，孩子就会有疑问："我都告诉妈妈小皮球在那里了，可妈妈为什么不去找呢？"这样，孩子的秩序感就被打乱了。

孩子用重复的方式来感知秩序的存在，认识自己周围的环境。这一切都是孩子正常的成长行为，所以，父母只需配合孩子，满足孩子即可。

教育建议

1. 让孩子体会秩序感带来的快乐

在成人看起来很无聊的重复游戏，在孩子眼里却有着无穷的乐趣。父母一定要了解孩子的秩序敏感期，让孩子真正体验到秩序感带给他的快乐，要懂得耐心地配合孩子。

2. 理解孩子把东西藏在同一个地方的行为

对于稍微大一点的孩子来说，如果自己藏的东西被人找到，下一次他就不会把东西藏在同一个地方。但是处在秩序敏感期的孩子却不是这样，他喜欢把东西藏在同一个地方，而且喜欢被别人找到。当别人找到他藏的东西时，他就会获得一种秩序感，并且通过这种重复的方式与周围的环境建立起某种联系来。

这段时期的孩子还特别喜欢"捉迷藏"。在玩捉迷藏和藏东西的游戏时，孩子的行为有一定的相似性。第一，孩子喜欢把自己藏在同一个地方；第二，孩子喜欢被人找到，如果别人找不到他，他就会给找他的人提供线索，要么自己呼喊，告诉人家，要么自己跑出来让别人知道后再藏起来。他不会感到疲惫，也不会感觉到无趣。所以这一点，父母要理解孩子。

3. 满足孩子的"重复"要求

在孩子成长的过程中，很多父母会发现孩子特别喜欢"重复"，比如，反复要求父母讲同一个故事，重复做一个再熟悉不过的游戏，重复猜一个早已知道答案的谜语等。每当这时候，很多父母就会忍不住抱怨："总是重复，多没意思！"特别是当自己的情绪不好或者是很累的时候。但是，父母必须明白，对孩子来说，这些并不是简单的重复，孩子每次都会有新发现、新的进步。有的父母给孩子讲故事时，会少讲几个故事情节，企图蒙混过关。可是，孩子很快就会发现。由此可见，父母想糊弄孩子也不是易事。

孩子的这种"重复"还有很多，比如把玩具拆开再装上，把瓶子盖拧下来再拧上去，打开房门再关上等，在保证安全的前提下，父母都应该尽量满足孩子的"重复"需求。

你说东，他偏要西
——家有不可理喻的"倔孩子"怎么办（3~4岁）

身边故事

故事 1

3岁的媛媛已经养成了一个习惯，每天晚上睡觉之前一定要与她的芭比娃娃说一会儿话。

这天，因为媛媛的表妹来家里玩，看到了芭比娃娃，就把它拿回家玩了一天，答应第二天就送回来。这件事媛媛也知道，还是媛媛自己亲手把芭比娃娃交给小表妹的呢！

晚上睡觉前，媛媛就跟妈妈要芭比娃娃，妈妈就给她拿了另外一个洋娃娃。可是，媛媛非常不高兴地说："不是这个！"于是，妈妈又给她换了另外一个。可媛媛还是噘着小嘴，一脸的不高兴："不是这个！我要芭比娃娃！"

妈妈给她解释说："你不是把芭比娃娃借给小表妹玩了吗？"媛媛根本就不听解释，她一下子把手里的那个洋娃娃摔到了地上，哭着说："我要芭比娃娃，芭比娃娃……"

故事2

一位爸爸最近很苦恼，他不知道为什么自己3岁2个月大的儿子突然变得不听话了。比如，他让儿子干什么，儿子都会说："那不行！""我不！""我偏不！"

而且，有时候儿子竟然还对父亲下命令："爸爸，给我拿玩具狗来！"爸爸如果不能马上去拿，儿子就会语气坚定地命令爸爸："不行！现在就去拿！"

有一天，他送儿子去幼儿园，在幼儿园门口见到了老师。这位爸爸就让儿子跟老师问好，可儿子像没听见一样，低头就进了大门。晚上上床睡觉，他故意把裤子脱下来扔到地上。爸爸给他捡到了床上，还未一转身，儿子又把裤子扔了下来，而且还得意地冲着爸爸笑。结果，爸爸捡了，儿子又扔。直到最后，爸爸把儿子的裤子放在他够不到的地方为止。

故事3

一位妈妈教3岁多的儿子认识数字时，儿子总会故意捣乱，不配合。比如，儿子本来是认识8的，可妈妈让他读的时候，他却读9，要么就读7，反正就是故意不把那个数读正确。不过，这位妈妈很快就找到了一个"对付"儿子捣乱行为的妙招。

这位妈妈没有让孩子去读数字卡上的数字，而是自己拿着卡片，自言自语："嗯？这个数是几呢？我怎么想不起来了呢？"每当这时，儿子就会迫不及待地正确读出那些数字。这位妈妈会立即把大拇指举到儿子的面前，儿子也表现出一副很得意的样子来。

成长解码

孩子在三四岁时，会出现一些"反常"的行为，好像处处都要与父母作对，不与父母合作，非常固执。其实他并不是真的与父母作对，而是已经进入了执拗敏感期。执拗敏感期来源于秩序感。随着孩子自我意识的萌芽与发展，孩子对他们认定的秩序是非常固执并且执着的，一旦孩子内心建立的秩序遭到破坏或挑战时，他内心就会产生强烈的不安全感，从而哭闹、反抗，执拗起来。

一般来说，孩子的执拗敏感期在2岁左右时就已经有所体现了。但爆发期却会集中出现在3~4岁这个年龄段。在这个时期的孩子有一个明显特征：凡事都要听我的，我说了算。如果父母拒绝他，他就会非常烦躁，就会哭闹不止。

在执拗敏感期，父母应像故事 3 中的妈妈一样，开动脑筋，想出好的办法去应对孩子。

教育建议

1. 了解孩子执拗的原因

父母要想很好地与处于执拗敏感期的孩子"和平"相处，就应该了解孩子执拗的原因。第一，孩子自我意识的发展。随着自我意识的萌芽与发展，孩子会发现自己与世界是分离的。随着生活范围的进一步扩大及探索能力的不断提升，孩子会发现自己能控制的事物越来越多，并体验到"自我"的强大力量，甚至敢于向父母挑战。第二，孩子对秩序的固执和执着感。一旦孩子内心建立的秩序遭到破坏或挑战时，他内心就会产生强烈的不安全感，从而哭闹、反抗、执拗起来。

2. 不要与孩子"较劲"

处在执拗敏感期的孩子都很"犟"，很"强硬"，他有自己的主见，会按照自己的想法去做事。如果父母与孩子"较劲"，以硬碰硬的态度来对待孩子，孩子就会感觉很委屈、难受；而父母也会感觉很气愤，又很无奈，可以说是"两败俱伤"。所以，父母慎用"较劲"的方式与执拗敏感期的孩子相处。

3. 给予孩子足够的理解

一般来说，孩子的执拗行为是没有办法完全去除的，只可能是有所缓解。缓解的方法就是父母给予孩子足够的理解，并顺从他的要求，以此来减轻孩子内心的焦虑与不安。

动手打人的"暴力"孩子的内心是脆弱的
——孩子的暴力行为是心理上受到伤害的表现（3~4岁）

身边故事

故事1

早上起床，3岁半的女儿吵着要穿带有喜羊羊图案的鞋子。可是很不巧，那双鞋太脏了，妈妈前一天晚上刚把它给刷了！

女儿不停地吵闹，妈妈有点火了，抬起手来就对着女儿的屁股拍打了两下。虽然女儿还是很委屈地哭着，但妈妈再给她穿鞋时，她已经不再反抗了。

谁知，当妈妈中午到幼儿园接女儿时，老师竟然向妈妈"告状"说："今天孩子趁着别的小朋友不注意，就用手使劲拍小朋友的屁股，拍完就跑，好几个小朋友都被她打哭了！"

故事2

最近，一位父亲发现自己3岁多的儿子经常跟他对着干，他说什么儿子都不听。这位父亲的脾气比较暴躁，加上最近工作特别难做，所以是火上加火。结果，孩子一不听话，父亲就会对孩子使用"武力"。

有一天晚饭后，儿子又不听话了，父亲用巴掌把他"修理"了一下。儿子被"修理"后，就跑回自己的小房间里去了。不一会儿，父亲就听到儿子房间里传来了"叮叮咣咣"的声音。

父亲进儿子的房间一看，发现儿子正抓着玩具的脚使劲往床头上磕呢！而且，地上已经有几个玩具被打坏了！

成长解码

在执拗敏感期的孩子，有时候会表现出一些暴力行为。比如，他会对自己的洋娃娃发火，会在洋娃娃的屁股上使劲拍打；会故意把玩具摔到地上，甚至还跳到上面使劲踩两脚；当然，有时候他还会欺负比自己弱小的同学……孩子的这些行为，明显是在发泄心中的情绪，释放心中的不满。

　　孩子之所以会有这样的暴力行为，一定是因为他受到了自认为不公平的待遇。孩子就是环境的一面镜子，当他被别人怎样对待时，他也会怎样对待别人。就像故事1中的小女孩一样，她之所以会打小朋友的屁股，就是因为她先被妈妈打了屁股。可见，父母的暴力行为是会在孩子身上延续的，他会寻找机会把心中的委屈发泄出来。

教育建议

1. 不对孩子施以暴力

　　如果父母对孩子施以暴力，就会给孩子的内心带来巨大的伤害，他会想办法把心中的怨恨和委屈发泄出来。因为他受到暴力对待后，首先会想到以暴力来发泄自己。父母千万不要小看孩子的这种暴力行为，这很可能就是孩子以后暴力倾向的前兆。所以，家长一定要调整自己的教育方式，不要有意识或无意识地对孩子施以暴力。

2. 控制好情绪和行为

　　孩子毕竟是孩子，他很难控制自己的行为。而父母就不一样了，父母是成年人，完全有自我控制的能力。当面对所谓的"不听话"的孩子时，父母要理智一点，一定要控制自己的情绪和行为。

3. 教育的观点要一致

　　在教育孩子时，很多父亲爱板着脸，甚至会动拳头；而母亲多半充当"白脸"的角色，她们会安慰孩子，甚至会跟"黑脸"父亲为孩子争吵。当父母的教育观点不一致时，孩子就会向"白脸"靠近。他们认为"白脸"是靠山，即使再不听话也有白脸这个"保护伞"。在这种想法的影响下，孩子会加剧自己"不听话"的行为，执拗敏感期就会延长。因此，父母双方应该齐心协力，统一教育观点，这样才能让孩子健康成长。

第三章
感官敏感期
（0~6 岁）

　　婴儿出生后会借着听觉、视觉、味觉、触觉等感官来了解事物，熟悉环境。3 岁前，幼儿透过潜意识了解周遭事物；3~6 岁时就能透过感官分析、判断环境中的事物。在感官敏感期内，孩子会用口来实现对味觉和触觉的认知，会把他能拿到的一切东西都往嘴里放，会吃手，甚至会冷不丁地咬人、打人；他喜欢抓软东西、扔东西、用两只手捏东西，特别喜欢玩水、玩沙……这些都是孩子感知和探索世界的正常表现。

新生儿对黑白相间的物品感兴趣

——抓住视觉敏感期，重视对孩子视力的开发（0~0.5 岁）

身边故事

故事 1

琳琳刚出生的时候非常安静，几乎不怎么哭。她的大部分时间都在睡觉，但有时候会在梦中惊跳。为此，妈妈有些担心，甚至是恐慌，妈妈想：女儿从妈妈的肚子里来到这个世界，她一定很恐惧！

这位妈妈还发现了一个奇怪的现象：孩子老是目不转睛地盯着某个地方看，不是睁大眼睛看台灯投在墙上的影子，就是仰起脸来看投在天花板上的某个影子，而且看得很专注，几乎是一动不动。有时候，妈妈抱起女儿改换了位置，女儿就会到处寻找，直到她找到她之前看到的那个影子为止。

但是，妈妈发现，一个月后，琳琳对黑白相间的地方就不再感兴趣了。

故事 2

一位妈妈抱着自己刚出生一个多月的儿子在阳台上晒太阳，她发现怀里的儿子老是瞅着阳台上那一大株绿色植物，并且看得特别专心，眼睛都不眨一下，一点也不哭闹。妈妈感到有点奇怪，心想：儿子看个绿色植物都能这么入迷，将来一定是个沉稳的人，以后可能会成大事！

第二天，妈妈又抱儿子在阳台上玩，儿子还是盯着那株绿色植物。这时，妈妈也好奇地顺着孩子看的方向看去，发现透过绿色植物的缝隙，可以看到阳光投下的斑驳的光点。那些光点和绿色植物的叶子正好形成了比较明显的明暗的对比。原来，儿子就是被它们吸引住了，妈妈恍然大悟。

故事3

　　妈妈下班回来，在路上给自己3个月大的宝宝买了几个彩色气球，心想："彩色气球一定可以吸引孩子的注意力，锻炼他的视力！"可是，当她把彩色气球拿到孩子的面前时，孩子并没有表现出什么兴趣，甚至没看两眼就把视线移开了。这让妈妈感到很纳闷。

　　巧的是，那一天，爸爸下班回来，手里也拿了两只气球。不过，这两只气球不是彩色的，而是白色的，上面还有一些黑点。当爸爸把气球拿到孩子面前时，孩子竟然非常兴奋，伸手就去抓，抓到后，自己躺在小床上乐呵呵地玩了起来……

成长解码

　　刚刚出生的婴儿对黑白相间、反差较大的东西感兴趣，他们对光很敏感，很痴迷。虽然他们的视力不是很好，但却可以看到一个明暗相间的、模糊的世界。对刚出生的孩子来说，这是怎样的一种感觉呢？这就好像经过一个长长的黑暗的隧道，在隧道的尽头，出现了一个光点。因为是在黑暗中，这样的一个光点显得分外明亮、奇妙，更有非同一般的意义。当光点逐渐变大，直到光明，把孩子包围后，孩子就进入了一个新的世界，他对光的敏感期就过去了。这个过程给孩子带来了愉悦感和持续的满足感，孩子也会从这个过程中了解和认识这个世界。

教育建议

1. 重视对孩子视力的开发

　　很多父母认为，孩子到了一定的年龄，视力自然而然地就会发展起来，没必要去有意识地开发孩子的视力。这种观点是错误的。无论是动物还是人，在生命的初期，脑功能都还处于构建的过程中。各种感觉，如视觉、触觉、味觉、听觉、嗅觉等都在与大脑中相应的神经中枢相联系。只有建立了足够多的联系，各种功能才会正常发挥作用。

　　如果一个孩子出生后就被蒙上眼睛，那他的眼睛就没有机会跟大脑中特定的神经中枢建立联系，大脑中主管视觉的结构就不会被激活，当孩子的视觉敏感期过去以后，即使把他眼睛上蒙的布拿下来，他的眼睛也会失明，复明的可能性几乎没有。

　　可见，孩子的敏感期和他的大脑发育以及智力发展有很大的联系。所以，父母就一定要抓住孩子从出生到半岁这段视觉敏感期，积极开发孩子视力。

2. 有意识地训练孩子的视觉感知力

　　在生活中，父母应该有意识地训练孩子的视觉感知能力，比如可以通过一些小游戏来实现。这里介绍两个简单易行的小游戏。

　　游戏一：准备一个手电筒和一块纱布。晚上用纱布把手电筒蒙上，这样光线就不会太强烈，打开手电筒的同时把房间里的灯关掉，让手电筒慢慢移动，从而训练孩子用眼追逐光线的能力。这个游戏不建议做太长时间，如果发现孩子没有看光束，就应该停止。

　　游戏二：准备一些黑白照片或图片，拿到孩子面前，让孩子看，然后一张一张地向孩子介绍，这是某某的照片（图片）等。当把照片（图片）都介绍完后，再让孩子重新看一遍，每三四秒钟换一张。

　　这些游戏都是在非常轻松的氛围下进行的，父母切不可为了训练孩子而强迫孩子去看，否则就违背了训练的初衷。另外，类似的游戏在生活中有很多，父母可以多发现，多尝试。

3. 用语言激发孩子的视觉认知能力

　　当孩子的视线范围不断扩大并且主动去看时，父母可以用语言来激发孩子的视觉认知能力。

　　一位妈妈看到自己 6 个月大的儿子每次睡醒后，都会把手放在嘴里吮吸半天，然后再放在眼前看一会儿。趁着这个机会，妈妈就拿着儿子的小手在他的眼前晃，并说："这是你的小手，手是用来抓东西的，来，抓妈妈的手。"在她的帮助下，儿子总能抓住她的手，每当这时，儿子就会咯咯地笑起来。

　　虽然这么大的孩子听不懂父母的话，但这没关系。当父母不停地晃动孩子的小手并帮他抓住某种东西时，孩子就能更清楚地观察到自己的手，并了解手的功能。在这个过程中，孩子的视觉能力和认知能力都会有很大的提高。

孩子把不起眼的小物件当宝贝
——引起孩子视觉兴趣的物品是他们的视觉道具（0~1.5岁）

身边故事

故事1

前段时间，某影片正在全国热映，一位妈妈没有去影院看，就在超市买了一张该电影的光盘，准备在家好好欣赏一番。

回到家，妈妈刚拆开包装把光盘拿出来，身边6个月大的女儿就"咿呀咿呀"地"说"上话了，还把小手伸向妈妈手中的光盘。于是，妈妈就把光盘给了女儿，没想到，小家伙竟然玩得十分开心，都10多分钟了，还不肯把光盘给妈妈。从那以后，女儿每当看到光盘，都是一副笑嘻嘻的样子。

故事2

一天，一位爸爸看到玩具店里的大头娃娃很有趣，就买了一个回家。

爸爸到家后，看到不满1岁的儿子在哭，妈妈正在厨房忙着做饭，爸爸就去安抚儿子，他顺手把刚买的大头娃娃给儿子玩。

儿子看到这个五官很夸张的大头娃娃后，突然不哭了，伸着小手点娃娃的鼻子，还指着娃娃的眼睛笑。爸爸看到这个情景，连忙指着洋娃娃的嘴巴说："乖，这是嘴巴，爸爸和你都有嘴巴！"然后，他用手指了指自己的嘴巴说："这是爸爸的嘴巴！"又用手指了指儿子的嘴巴说："这是宝宝的嘴巴！"

儿子听到爸爸说话，又看到爸爸的动作，高兴得手脚都动了起来，还呵呵地笑……

成长解码

孩子出生几个月后，会对一些视觉道具感兴趣。所谓视觉道具，就是生活中常见的能够引起孩子视觉兴趣的一些物品，比如光盘、大头娃娃、镜子以及各种形状的东西等。

故事1中的孩子之所以爱看光盘，是因为她正处于视觉敏感期，而光盘从不同的角度会呈现不同的颜色，还能折射，在很大程度上能够满足孩子的视觉需求，所以很容易就把孩子的注意力吸引过去。

对于故事 2 中喜欢看娃娃脸的孩子，也是因为视觉能力发展到了可以观察娃娃或人物的五官，才会特别喜欢观察娃娃的五官，并表现出异常喜欢它的样子。

教育建议

1. 丰富孩子的视觉环境

父母应该尽力为孩子提供丰富的视觉环境。以光盘为例，可把光盘摆成不同的图形，让孩子去观察，促进其视觉的发展。当然，也可以在孩子很容易注意到的地方如墙上挂一些孩子喜欢玩的玩具等。不喜欢在墙上挂东西的家长，也可以有意识地引导孩子去观察不同颜色的床单、窗帘，盖电视机、饮水机等物品的布罩等。

2. 用洋娃娃来教孩子认五官

一般来说，洋娃娃是孩子不可缺少的玩具之一。孩子在几个月大的时候会对周围人的五官很感兴趣。父母应该像故事 2 中的爸爸那样，利用洋娃娃这个道具来教孩子认五官。当然，这个洋娃娃道具的五官布局要合理，不要太夸张，应该与真人差不多。

3. 尝试让孩子的视觉范围变大

当孩子的视觉能力有了一定的发展后，父母应该尝试扩大孩子的视觉范围。比如，在婴儿醒着的时候，将抱孩子的角度适当调整，在保证安全的情况下，让孩子看到周围更多的环境，而不仅仅是平躺着看天花板。

4. 在孩子的床侧挂一面镜子

当孩子对五官感兴趣时，镜子就成了一个非常好的视觉道具。当孩子看到镜子后，就会仔细地欣赏镜子里的那个人。如果父母对孩子说，你的鼻子在哪里呀？孩子就会用手去指自己的鼻子，结果孩子会发现镜子里的那个人也用手指自己的鼻子。慢慢地，孩子就会发现，镜子里的那个人就是他自己。

一位妈妈在儿子的床侧挂了一面镜子，小家伙睡觉醒来总会先抬头"照照"镜子，有时候睡醒后还需要翻身才能看到镜子。后来她发现，儿子的翻身、抬头能力明显比同龄的小朋友要强。当然，孩子的视觉能力也会在这个过程中得到很大的提高。

5. 让孩子去触摸各种形状的东西

父母可以让孩子接触各种形状的东西，如瓶瓶罐罐、餐盘、汤碗、杯子、小勺等，虽然他不会用，也可能拿不住，但让孩子触摸这些东西，能够集中他的注意力，这对孩子的视觉认知能力的提高能起到促进作用。

油画棒是送给进入色彩敏感期孩子最好的礼物
——涂涂画画是为以后的书写做准备（3~4岁）

身边故事

4岁的美美开始对色彩感兴趣了。每当她进入幼儿园的教室，会先拿起一块纸板，把图形画下来后，就非常专心地涂色。从开始画图形，一直到涂色完成作品，全部都是她一个人操作。渐渐地，她对色彩的搭配越来越协调，色彩感知能力明显增强。

星期六，美美没有去幼儿园，而是在家练习涂色。这一次，她的做法跟以前不一样了，她先把色彩板的形状印在纸上，然后在纸上一点一点地涂抹起来，不知不觉地涂了好几个小时呢！

中午，妈妈喊美美吃饭，美美也不着急，她对妈妈说："我涂完再吃！"妈妈知道，这是女儿在享受色彩敏感期，也就没再多说什么。不一会儿，她涂完了，才高高兴兴地去洗手吃饭。

吃完午饭，美美也没有像往常一样去午睡，而是跑回涂色的地方开始了新的涂色……

成长解码

一般来说，孩子在三四岁时，就进入了色彩敏感期。开始，他喜欢认识各种色彩，一段时间过后，就开始进入触摸、感知色彩的敏感期，会比较喜欢涂色。孩子涂色的过程是为以后的书写做准备。

如果父母或老师不去诱导孩子使用色彩的话，孩子使用的色彩可能就会比较单一。有时候，孩子画一张画只用一种颜色。

教育建议

1. 与孩子玩一玩色彩游戏

父母可以与孩子一起玩玩关于色彩的游戏，从而加强孩子对色彩的印象与认知，让孩子顺利地度过色彩敏感期。

棱镜七色光游戏。准备一个分光棱镜，将其放在有阳光照射进来的阳台或窗台上，让七色光反射在地板上，从而让孩子观察这些色彩。一般情况下，父母会发现孩子会被这些美丽的光线吸引。当然，游戏的时间不可过长，否则孩子会失去兴趣。

光盘七色光游戏。把光盘的背面拿给孩子，变换角度，引导孩子观察，告诉孩子上面有很多颜色。父母可以用光盘将光线反射到没有阳光的墙面上，让孩子去抓。注意，在玩这个游戏时，不要把光反射到孩子的眼睛里。同时，也要提醒孩子，不要把光反射到别人的眼睛里。

填色游戏。准备一些填色图片和颜料或彩笔，让孩子去填色。开始时，填色图片可以是花朵、蝴蝶、熟悉的其他动物等，接下来就可以是一些简单的风景，如天空、草地、房屋等。当然，孩子填的颜色可能不"正确"，父母也不要急于去纠正，只需默默欣赏、鼓励孩子就可以了，因为这个年龄段孩子的观察能力还有待完善。

2. 多诱导而不要勉强孩子

有的孩子敏感期会提前到来，有的会延迟到来。父母要耐心引导孩子认识并学会运用色彩，在整个过程中，不可勉强孩子。对于色彩敏感期迟来的孩子，家长需慢慢引导他、鼓励他，让他的色彩敏感期早日到来。

3. 给孩子更多色彩认知的机会

父母要有意识地拿一些色彩艳丽的东西吸引孩子的注意力。建议给孩子买8色蜡笔或12色的油画棒。家长在纸上画一下，并告诉孩子画笔的颜色，从而加深印象，提起他的兴趣。父母也可以跟孩子一起投入涂色游戏当中，与孩子一起感受其中的乐趣，孩子受父母的感染，会更喜欢涂色。

幼小的孩子不喜欢待在太安静的环境中

——给孩子适当的视觉与听觉的刺激，提高孩子反应的灵敏度（0~2岁）

身边故事

故事1

孩子3个月大的时候，不知道为什么，总是爱哭。后来，妈妈开始找原因，看孩子会在什么情况下哭。经过几次耐心的寻找，妈妈终于发现，一旦整个屋子里静悄悄的没有任何声音时，孩子就会哭。

当孩子听到声音时，他就会停止哭声。有了这个发现之后，当妈妈在家里做事的时候，就故意轻轻地弄出一点声响来，或者是自己轻声哼唱。

故事2

4个月大的宝宝又哭了，这时，妈妈赶紧拿出刚买的拨浪鼓来，在宝宝面前摇了几下，清脆的鼓声传了出来，宝宝立即停止哭泣，眼睛开始盯着拨浪鼓看。

妈妈继续轻轻地摇，孩子目不转睛地看。然后，妈妈说："宝宝，看，这就是拨浪鼓！"说完，又摇了几下，宝宝的小手和小脚开始动了，看样子，宝宝是非常喜欢听这种声音的。

这位妈妈也有妙招，一会儿在宝宝的左边摇几下，一会儿在宝宝的右边摇几下，每次宝宝都会转头去寻找声音的来源……

成长解码

孩子出生后几个月会特别喜欢待在有声音的环境中。从故事1中就能清楚地看出，一旦周围没有了任何声音，孩子就开始自己制造声音——哭。当有了声响时，孩子就会停止哭泣，这一点在故事2中也能够体现出来。故事2中的妈妈还左右摇晃拨浪鼓，促使孩子转头，有助于锻炼孩子颈部的骨骼和肌肉。

孩子在刚出生时，听觉和视觉各司其职，互不干涉，对外界的刺激不能作出一致的反应。所以，在孩子视觉发展的敏感期和听觉发展的敏感期间，父母越早有意识地对孩子提供一定的刺激，孩子的视觉与听觉的综合协调能力，以及孩子反应能力就越强。

教育建议

1. 给孩子有声的玩具

父母可以把有声的玩具，比如小铃铛、拨浪鼓、音乐盒等玩具给孩子，让孩子自己玩。当然，父母可以先在孩子面前，为孩子演示一下如何让玩具发出声音来。一方面是告知孩子这个玩具可以发出声音，另一方面也是给孩子做个示范。当孩子拿到能响的玩具后，他自己就会玩耍，从而刺激听觉。

2. 父母摇动有声的玩具

父母手里拿着有声的玩具，将玩具放在离孩子25~30厘米的地方，一边摇晃，一边缓慢地移动，当孩子听到声音后，视线就会随着玩具和响声移动。在移动玩具时，如果孩子的视线跟不上，就要慢一点。这样的游戏对促进孩子的视觉发展很有帮助。

3. 在孩子的耳边发声

父母可以与孩子面对面时，在孩子的耳边喊他的名字，一边喊，一边远离孩子。这时，孩子会随着父母移动。当然，也可以轻轻拍手、学一些动物的叫声，来吸引孩子的注意力，让他寻找声音的来源，提高他的反应能力。

4. 让孩子听听舒缓的音乐

不要以为孩子听不懂音乐，孩子也会被美妙动听、舒缓流畅的音乐所吸引。所以，在家可以放一些经典音乐给孩子听，但音乐的声音一定不要太大，最好有背景音乐的那种轻柔感觉。

5. 注意声音一定要柔和

不管是带响声的玩具发出的声音，还是父母为吸引孩子注意力发出的响声，都要特别注意声音一定要柔和、悦耳。如果是那种成人听了都厌恶的恐怖、吓人的声音，孩子的听觉能力不会有提高，反而会受到惊吓。

孩子喜欢听妈妈的"妈妈腔"

——不是所有的妈妈都会用"妈妈腔",用"妈妈腔"跟孩子说话有利于孩子对事物的理解和模仿(0~6岁)

身边故事

故事1

科学家曾经做过这样一个试验:

他们给一个陌生的女士录了两段录音,一段是这位女士用正常成人的语言对婴儿说话,另一段是她用"妈妈腔"对婴儿讲话。

科学家把这两段录音放给一些4个月左右大的婴儿们听。结果发现,当播放正常成人式的语言录音时,婴儿们几乎没有太大的反应;但是,当播放"妈妈腔"式的语言录音时,大部分婴儿都不停地转头,试图寻找声音是从哪里传来的。

故事2

一位妈妈带着两岁的女儿去公园踏青。路边的花开得非常鲜艳,妈妈领着女儿凑上前去,对女儿说:"这是花!"她说话的方式就像跟成人说话一样,没有什么感情色彩。女儿见到那朵花,也没有表现出兴奋的样子。

妈妈发现宝宝没有什么反应,就变换腔调,对孩子说:"宝贝儿,这是一朵花,很香的花,来,闻一下,这朵花是不是很香呀?"然后再用手晃一晃那朵花。女儿立即兴奋起来,把小鼻子凑到花朵上,深深地嗅了一下,很开心地笑了……

成长解码

"妈妈腔"是什么?是一种妈妈惯用的说话腔调,特点是发音清晰、语速略慢、适度重复、语句简短、内容具体等。处在听觉敏感期的孩子,一般会被"妈妈腔"式的语言吸引,并极其关注。

从故事1和故事2中不难得出这样的结论:婴儿是比较爱听"妈妈腔"的。研究表明,婴儿们能够辨别出"妈妈腔"的最小年龄是5个星期左右,他们会非常喜欢听妈妈的"妈妈腔"。这种现象的原因在于，"妈妈腔"与孩子大脑的接收信息的能力比较吻合，更容易被孩子模仿，更能吸引孩子的注意力。

那么，使用"妈妈腔"时应该注意什么呢？

教育建议

1. 发音清晰

"妈妈腔"发音要清晰，字正腔圆，孩子才容易模仿。当父母与孩子交流时，无论是说普通话还是说地方的方言或者是说外国语言，都应该尽量做到清晰、明确。

2. 语速缓慢

说"妈妈腔"时，语速一定要慢一些，这样孩子的大脑才容易接收信息。尽管孩子的大脑潜力是无穷的，但与成人相比，他们大脑的"输入信息"和"输出信息"的系统运行速度相对要慢一些。千万不要期望孩子能够完全理解你连珠炮似的"高速语言"。与孩子说话时，一定要有足够的耐心、要注意放慢语速，这样有助于他理解与模仿。

3. 适度重复

父母在说话时，要注意有耐心地重复。故事2中的妈妈，开始时，只对孩子说了"这是花"，这3个字对孩子大脑的刺激是非常弱的。后来，那位妈妈换了一种说话方式，这种清晰并且适度重复的说话方式，让孩子一下子就听懂了妈妈的话。

4. 语句简短

在跟孩子说话时，句子要简短些。太长的句子是说给成人听的。对于孩子来说，他还不具备区分中心语、状语、定语的能力，更不会理解不同的介词、连词给句子带来的内涵的变化。要想让孩子理解你说的话，就要注意把话说得简短些。

比如，"把床上那件漂亮的带花格格的衬衣给妈妈拿过来吧！"对孩子来说，这句话太长，太复杂，他根本就抓不住句子的中心意思，所以听不明白也就很自然了。父母可以把它拆成简单的句子："床上的衣服，带花格格的那件，给妈妈，谢谢！"这样，孩子就比较容易理解了。

5. 内容具体

孩子在 3 岁前，一般不会具备抽象思维能力。所以，在与孩子说话时，避免抽象词汇，尽量使用具体、形象的语言。

6. "妈妈腔"不是妈妈的专利

不要对"妈妈腔"这 3 个字有误解，认为"妈妈腔"只是妈妈的专利，其实谁都可以说"妈妈腔"，爸爸可以说，爷爷奶奶也可以说，只要具有"妈妈腔"的语言特点就可以了。

7. 儿语不是"妈妈腔"

"妈妈腔"是把复杂的话说得简单、亲切，容易让孩子理解与接受，并能引起孩子的倾听兴趣，从而促进孩子听觉能力与语言表达能力的提高。但是，不要把"妈妈腔"与儿语等同起来。比如，很多父母喜欢跟孩子说"汪汪"（指狗）、"喵喵"（指猫）、"吃饭饭"、"抹香香"、"拉车车"等，这样孩子容易养成不良的说话习惯，以后改起来会比较困难。

8. "妈妈腔"有时限

使用"妈妈腔"也是有时间限制的。一般来说，孩子 6 岁以后，他的听觉敏感期和语言敏感期都过了，这时，他已经基本掌握了语言工具，而且理解力和抽象思维能力都有了很大提高，父母跟他说话就不需要再用"妈妈腔"了。

捡起什么东西都往嘴里放

——孩子需要用口去了解外界，构建内在的自我（0~2.5岁）

身边故事

故事1

一位妈妈这样讲述道：

我家宝宝15个月大，春天到了，天气暖和了，我每天都带宝宝到楼下的草地上去玩。可是，我发现我的宝宝非常喜欢用手指头抠土，而且捡起什么东西都往嘴里放。跟他说，不要捡脏东西，更不能把脏东西放到嘴里去，可宝宝好像也听不太懂。每当这时，我就强行把他拉走，结果，他就哭。我真不知道是让孩子去捡、去吃好，还是为了健康考虑，阻止他的这些行为？

故事2

一位妈妈给2岁多的儿子买了几盒不同口味的糖果。她本来想让儿子吃完一盒再吃另一盒，可是儿子吃了几口后，非要打开第二盒，第二盒糖果只吃了几口，又要打开第三盒……

妈妈说："不能这样，都打开吃不了，而且也会坏掉！"儿子不听，妈妈就阻止他，结果儿子就大哭起来。

这位妈妈很感叹："才两岁多点，就这样任性，以后还怎么得了啊！"

故事3

女儿13个月大已经会用手抓东西了，抓到手的东西后她必然要送到嘴里进行"检验"，她会用小嘴吮吸她能触及的所有东西。

妈妈知道，孩子正处于口腔敏感期。这个敏感期延续了很长一段时间。家人、朋友还有一些不认识她的人看到孩子这样，都会忍不住去制止，每当这时，女儿就会又哭又喊。当然，这个时候，妈妈是明白的，她会劝说大家不要打扰孩子。

后来，女儿开始咬东西，见到什么就咬什么，有时候会把玩具咬得嘎嘎作响。接着，女儿学会了咀嚼、吞咽、喝饮料、吃固体的食物。

妈妈担心孩子吞下危险的东西（如瓜子皮、橘子核等），所以总是在一边监管着孩子。让她欣慰的是，每次女儿都会把那些东西吐出来。

有一次，女儿抓到了一个带皮的橘子瓣放到了嘴里。妈妈正担心她会把整个橘子瓣和皮都吞进去，可是令她惊讶的是，女儿居然把橘子皮吐了出来，只是把果肉咽了进去。

这次，妈妈切身体会到了那句话：孩子最初是用口来感知世界的。

成长解码

一般来说，孩子的口腔敏感期会集中在从出生到 2 岁这个阶段。孩子口腔敏感期持续时间的长短与他们所处的环境有很大的关系。如果在这一时期父母能给孩子提供科学的环境，在保证安全的情况下，允许孩子去"吃"各种各样的东西，也就是说，允许孩子用口去探索周围的环境、物品，孩子的敏感期就会缩短。

相反，如果父母阻止孩子用口去探索事物，孩子的这一敏感期就会持续很长时间，可能到了三四岁他还会偷偷地把东西放到嘴里"尝尝"。如果父母阻止孩子用口来"尝"，那么像"软"与"硬"这样的抽象概念，孩子都没有办法领会。如果父母不允许孩子用口去探索周围的事物，孩子自身与外部的世界也很难建立联系，将影响孩子智力的发展。

故事 2 则表明，孩子喜欢用口来做对比，他喜欢打开所有的食品包装品尝各种糖果的味道。其实，这并不是孩子任性，而是孩子用口来体验并认识糖果的味道，他在利用外在的东西，构建内在的自我。所以，当父母以各种看似有道理的理由拒绝孩子这么做时，孩子的内心就会不断地挣扎，甚至以哭闹的方式来反抗。

教育建议

1. 尽量满足孩子的要求

父母要尊重孩子的口腔敏感期，在保证安全的情况下，允许孩子用口去探索，包括允许他去品尝不同包装的食物。故事 2 中妈妈的做法是不可取的，因为买来的糖果本来就是给孩子尝的。另外，她也不了解处于口腔敏感期的孩子需要用口来认知世界的特点。

在这里要特别提示一下，满足孩子用口去探索的前提是要保证孩子的安全。家长应尽量陪在孩子身边，避免孩子接触到危险的物品，如剪刀、螺丝刀等。

2. 尝试转移孩子的注意力

当孩子随地捡东西往嘴里放时，父母可以尝试转移孩子的注意力。比如，当孩子捡起树叶往嘴里放时，可以同孩子一起捡树叶，然后撕碎，并告诉孩子："树叶不能吃，看树叶飞喽！"然后往空中一扔；如果孩子捡小石子往嘴里放时，可以将小石头往远处扔或踢，再跑过去捡……这样，既减少了孩子往嘴巴里放危险物品的机会，又增加了玩耍的趣味性。

3. 让孩子"吃"干净的东西

为了让孩子更好地度过口腔敏感期，父母也可以有意识地让孩子"吃"或咬一些东西。当然，也可以让孩子用舌头去舔，这样也能满足孩子用口去探索的需求。

4. 关于卫生的问题

孩子如此爱往嘴里放东西，卫生问题不容忽视，家长需要把孩子爱用嘴啃的物品定期消毒。

在出门的时候，可以带上一包消毒湿巾，及时给孩子擦手，为孩子准备放到嘴里的东西进行消毒。当孩子不小心吃了脏东西时，家长千万不要对孩子大声吆喝，要迅速把脏东西拿走，并平心静气地告诉孩子："这是脏东西，不能吃。"

孩子爱吃手，甚至把整个拳头塞到嘴里
——口对手的感觉和手对口的感觉需要靠吃手来建立（0~6岁）

身边故事

故事1

微微已经出生40多天了，不过因为是冬天，小家伙被包裹得很严实。有一天，妈妈看到微微的手臂在动，看样子好像是把手臂往嘴里送。

妈妈就在旁边观察，一次、两次、三次，微微都没有把手送到嘴里去，小家伙有点懊恼，她哼哼了两声，然后又开始继续努力重复那个动作。可是，她还是没有能把手放到嘴里，这时，她急得哇哇大哭起来。

看到这里，妈妈突然想起了敏感期这个概念，于是赶紧帮孩子把手送进了嘴里。这时，微微显得很高兴，手在乱动，小脚丫也在乱蹬。

妈妈又观察了一会儿，发现孩子的衣袖太长，而且穿的棉衣太厚，所以孩子不容易把手送到嘴里。于是，她就给孩子换了另外一套衣服。几天后，微微就能很顺利地把手送进嘴里了。

随着时间的推移，微微用口的机会越来越多了。到3个月大的时候，微微开始频繁地吃手指，几乎一天到晚都把手含在嘴里，就好像手上有蜜似的。吃完大拇指再吃食指，还真按顺序吃呢！有时候，还把整个拳头使劲往嘴里塞！

故事2

一位妈妈发现3个月大的儿子吃手现象特别严重，几乎手不离口。她认为儿子这样做，一方面不卫生，另一方面也算是一个坏毛病。这位妈妈为此采取了一些措施。

这位妈妈只要看到儿子把手放到嘴里，就打儿子的手一下。但是没过一会儿，儿子还是把手往嘴里放，这位妈妈就再打……

现在，她的儿子很老实，已经不再吃手了。这位妈妈很欣慰，心想："孩子的毛病就得从小治才行！"

成长解码

孩子最早使用的感觉器官和探索器官就是口。其实，孩子还在母亲的子宫里时就已经开始吃手了。在子宫里，因为空间狭小，胎儿的肢体自动蜷缩成手指靠近嘴唇的形态，胎儿不用太多练习就能比较容易地吃到手。

但是出生后，手臂却离口相对远了，要想吃到手，需要手来配合。为了能让孩子更早地使用到自己的手，父母应该让孩子自然地吃到他自己的手。故事1中妈妈的做法有助于孩子口腔敏感期的发展；而故事2中妈妈的做法就很不妥当了。孩子在出生的头几个月，手和脚不受大脑控制，会随便动，而吃手是第一个被大脑控制的有目的的行为。所以，父母不应该去阻止。

其实，孩子知道嘴里吮吸的东西是自己的手，知道手在被自己的口吮吸，需要很长的时间。口对手的感觉和手对口的感觉需要被大脑统合起来。

那么，面对孩子吃手的这种行为，父母应该怎样应对呢？

教育建议

1. 不要过分关注孩子吃手的问题

孩子在用口和手探索的敏感期，吃手是一种自然表现，也可以说是天性。所以，父母不要把孩子的吃手当成一种毛病。即使看到孩子吃手了，父母不要有心理负担，不要紧张，也不要不舒服，更不要去干涉，要允许孩子自由地吃手。

2. 给孩子一些替代品

当孩子已经有能力抓住物品往在嘴里送时，父母可以给孩子准备一些不同大小、不同重量的物品让孩子抓，供孩子用口去探索。比如，给孩子一些磨牙饼干、磨牙棒、橡胶奶嘴、牙胶等，但一定要注意安全。

3. 不要吓唬吃手的孩子

有的父母为了不让孩子吃手，就会用言语吓唬孩子，比如："你再吃手，手就掉下来了！""手上有虫子，吃手会把虫子吃到肚子里，肚子会疼！"这些话可能会令孩子因为害怕而停止吃手，但是他还是会在不经意间去吃手。吃完之后，他可能会想象着虫子在他肚子里的情形，从而出现焦虑情绪。如果这时父母再去强调，就会加剧他的恐惧感，形成恶性循环。当然，如果孩子发现吃手后并不像父母所说的手会掉、肚子会痛，他就会认为父母在骗他。这时，吃手行为的发生会更加频繁。

4. 不要给孩子定时限

有的家长会说："等孩子过完 3 岁生日就不让他吃手了。"其实，孩子在 6 岁前有吃手的行为都属于正常现象。如果父母给孩子定时限，就可能会因为孩子没有改变而对他产生不满，从而强制孩子改变。这对孩子的成长是极其不利的。

孩子突然咬人或啃东西
——在特定阶段，咬人是孩子没有恶意的探索（0~2.5 岁）

身边故事

故事 1

幼儿园的孩子们正在户外活动，玩得不亦乐乎。突然，一个小朋友抱住另外一个小朋友，在对方的脸上咬了一口，速度很快。

老师赶紧抱起那个被咬的孩子，发现他的脸上有一圈牙印。不过，咬人的小朋友好像并没有意识到自己做错了，一脸无辜地看着被他咬的那个孩子。

下午，妈妈来接孩子时，老师把孩子咬别的小朋友的事情告诉了她。妈妈听完后，很生气，说："我也不知道这孩子是怎么了，在家里还咬我的手呢！"

故事 2

盈盈活泼可爱，天真无邪。不过，在她 2 岁多时，她竟然开始咬人。

一天晚上，全家人正在陪着盈盈看少儿频道的动画片。突然，盈盈使劲咬了妈妈的手一下，疼得妈妈想打盈盈。不过，看到盈盈跟没事人似的，还是那么天真可爱，妈妈又不忍心了，抬起来的手又放下了……

不一会儿，她又跑到爸爸的怀里，以同样的方式咬了爸爸一口。爸爸知道孩子在咬人的敏感期，所以他非常平静。

爸爸跟妈妈沟通说："孩子可能正处在咬人的敏感期，我们都做好防备，别再让她轻易咬到了。"因为大家都有预防了，所以盈盈就不太容易咬到人了。

不过，当妈妈亲她脸的时候，她还是会咬上一口。有时候，她咬不到脸和手，就咬衣服，咬床单。

十几天后，盈盈不再咬人了。

成长解码

在口腔敏感期的孩子会尝试用口、牙齿和舌头认识外在的世界、探索周围环境，这个敏感期的大概年龄范围为0~2岁。

故事中咬人的小朋友并没有恶意。父母不要以为孩子学坏了，其实孩子是在无意中用口、牙齿认识事物，与故意咬人有着本质的区别。孩子咬人时，只需要把他抱到一边去就可以了。

另外，值得注意的是，如果孩子在1岁左右时，还没有出现过经常性地咬东西、咀嚼东西的行为，那么他的口腔敏感期可能会滞后。而2岁以后的孩子出现频频咬人的现象，很可能是在弥补他之前错过的口腔敏感期。

教育建议

1. 满足孩子口腔的味觉和触觉

父母应该给口腔敏感期的孩子提供一些可以咬和尝的东西，如各种软硬不同的食物、不同质地的物品（保证物品清洁为前提）等，让孩子尽情地去咬。

2. 给孩子提供较硬的食物

很多2岁以上的孩子，在咀嚼馒头、面包等食物时，口形和咀嚼的方式与老人很像，表现为咀嚼无力，吃东西比较慢。这就说明，孩子在2岁前吃的食物可能大部分都是稀软的。其实，在孩子长牙齿的敏感期时，父母应该提供一些比较硬的食物让他练习咀嚼。不要过分担心孩子会嚼不烂或会被卡住，在大人的监护下，孩子会慢慢自我调整。这样一来，也能在很大程度上避免孩子以后咬人现象的发生。

3. 与孩子一起做一些小游戏

父母可以尝试与孩子做一些小游戏，以满足孩子想咬、想咀嚼的愿望。

比如，可以跟孩子玩"小狗咬骨头"的游戏。父母先准备好眼罩、木块（可以积木代替）、布条、玻璃瓶、海绵、骨头（可以某种硬塑料代替），然后告诉孩子："小狗最爱吃骨头了，这里有很多东西，现在你来假装小狗，我把你的眼睛蒙起来，你来找骨头。"父母可以先让孩子用牙齿咬每一种东西的质感，然后再蒙上孩子的眼睛，让他一一用嘴巴来辨认，找出骨头来。当然，还可以与孩子互换角色。要注意一点，在玩之前应该跟孩子讲清规则，不能偷看，不能用手摸，只能用牙轻轻地咬。

4. 不要训斥和打骂孩子

有的父母不知道孩子有咬人的敏感期，当一两岁的宝宝咬了他们，他们就会对孩子训斥，甚至打孩子的嘴巴。有这样一位妈妈，她1岁半的宝宝在她完全放松的状态下咬了她的腿一口，结果妈妈立刻一声号叫，孩子被吓坏了，哇哇哭起来。结果，这位妈妈还不算完，指着孩子的鼻子说："再咬，再咬我就把你的牙敲掉！打死你！"一副恶狠狠的样子。在孩子眼中，刚刚还满脸堆笑的妈妈突然变得凶巴巴的，孩子接受不了妈妈这种巨大的转变，给他幼小的心灵留下了阴影甚至是心灵的创伤。父母一定要以此为戒，切不可训斥孩子、打骂孩子。

孩子喜欢打人或招惹别人

——孩子并非暴力，只是为了吸引别人的注意（0~2.5岁）

身边故事

故事1

一位妈妈很苦恼，她这样说：

"儿子才1岁4个月，可从上个月起，他就会打人了，有时候是打我的脸，有时候拍我的头，还拽我的头发呢！他是真打，有时候还挺疼的呢！我真不知道该怎么办了。"

故事2

2岁3个月的青青刚上幼儿园，但是她有一个特殊的表达喜欢的方式，那就是打人。于是，老师就不断地对她说："青青，老师知道你喜欢小朋友，但你不可以打他，那样他会很疼，你可以去拥抱他！"

几次之后，青青好像记住了。不过，她在表达自己喜欢某个小朋友时，还是先会打人家一下，然后再去拥抱人家。

一天，青青和另外一位小朋友玩顶头的游戏，非常开心。突然，青青打了一下那位小朋友。

老师看到后，赶紧走过去告诉青青："你喜欢小朋友，要拥抱他呀！"青青马上意识到了，她赶紧伸出了两只小手去拥抱那个小朋友。

成长解码

孩子打人可能是为了吸引家长的注意力，也可能是自己太过兴奋而无法控制自己，或者是他想用肢体语言表达自己的某种情感，比如爱或不满，当然也可能是他想与别的小朋友沟通、交流等。孩子打人的原因很多，但是无论如何，家长不要认为孩子有暴力倾向，更不要给孩子贴上"暴力"的标签，家长要客观分析孩子打人的原因，帮助孩子用其他的方式表达自己的情绪。

教育建议

1. 对孩子的行为别太敏感

如果孩子的打人动作被父母发现，父母因此对其严加管教的话，这种打人行为与父母给予的关注之间的因果联系很快就会被孩子觉察。这时，孩子就会意识到，当父母关注其他事情时，只要他打人，父母就会关注他。从而孩子就会把打人当成吸引父母注意力的一种方法。因此，父母对于孩子打人的行为不要太敏感。

2. 注意向孩子表达爱

一般来说，当孩子能自己走路时，大部分父母就不会再向以前那样特别关注孩子的每一个动作、表情和每一句话了。也就是说，父母对孩子的关注少了，而孩子对父母给予他的关注的需求并没有减少。于是，孩子就会感到失落，就很可能通过打人的方式来吸引父母的注意力。所以，在生活中，父母还是要有意识地去关注孩子，向孩子表达自己对他的爱，从而避免孩子为吸引父母的注意力而打人、搞破坏等。

3. 别给孩子扣上"打人"的帽子

孩子的语言表达能力不如成人，他还不太会表达自己的想法，所以当他发现自己无法用语言把自己的想法传递出去时、当他发现父母误解他时、当他感觉别人离他太近时，他就会比较着急。这个时候，他会本能地通过肢体语言——"打人"来表达自己的情感。但是，这种行为往往会被父母误认为是具有攻击性的行为，这时，孩子就更加感觉到不被理解，就会更加着急。

所以，父母应该注意观察孩子，如果是这样的情形，应该跟孩子说："你是不是生气了？""你是不是受委屈了？""你想他走开，是吗？"等。当父母帮孩子把他想表达的意思说出来时，孩子会如释重负，感觉父母理解他了，也就不再通过肢体语言来表达自己了。

4. 反省自己有没有做坏榜样

父母还应该反省一下自己的行为，是否在无意间给孩子做了坏榜样。比如，孩子"不听话"时，是否动手打过孩子，是否打过小动物，是否与自己的另一半动过手，等等。父母的一言一行都在孩子的眼中，孩子会模仿。所以，如果父母有这些举动，一定要及时改正。

孩子喜欢抓黏糊糊、软软的东西

——给孩子用手探索的自由，让他们尽情地抓、扔、捏（0~2.5岁）

身边故事

故事1

在公交车站，一位爸爸抱着四五个月大的孩子在等车。孩子不停地用手抓站台上的铁杆。爸爸可能累了，就地坐了下来，把孩子抱起来放在大腿上。此时，孩子又开始摇动胳膊，死死地盯住一位拿着棉花糖的女士，嘴还不停地一张一合。

于是，爸爸又换了一个姿势抱孩子，还很不耐烦地说："怎么这么不老实，这么小就这么不听话！"说完，他换了个抱孩子的姿势。这回，孩子不闹了，因为他能看到那位拿着棉花糖的女士了，所以他任由爸爸拍他、摇他。

这位拿棉花糖的女士走近孩子，想逗逗他，孩子伸手抓棉花糖。这位女士把棉花糖递给了孩子，孩子就用两只手开始捏棉花糖，捏来捏去，脸上一副非常满足的样子。

故事2

1岁3个月大的男孩晨晨有一次喝完水后，很兴奋，突然把那个玻璃杯子从头顶上扔到了身后，结果杯子碎了，晨晨却乐了。

第二天，晨晨喝完水后，又做了同样的动作，结果杯子又碎了，晨晨还是很高兴。从那以后，每次喝完水，晨晨都会把杯子扔到身后去……

故事 3

岚岚快到 1 岁了，妈妈经常给她喂香蕉。一天，妈妈又给她喂香蕉吃，喂到最后一点时，岚岚竟然"哼哼"着向妈妈扑过来。岚岚用两只小手抓住剩下的那一点香蕉，使劲捏了起来，那点软软的香蕉被她捏得糊满了手。

第二天，妈妈又给岚岚喂香蕉，她一边安静地吃，一边看妈妈手里的香蕉。当香蕉还剩下一点时，妈妈为了不让岚岚像昨天那样去抓香蕉，就把最后的一点香蕉自己吃了。刚才还眼巴巴望着香蕉的岚岚，一下子就大哭起来。

妈妈见状，连忙哄她，可是岚岚依旧哭个不停，眼睛还看着香蕉皮。这时，妈妈意识到了，女儿一定是想再捏香蕉。妈妈一下子想起自己好像看过一本书，书上面介绍了这个年龄段的孩子有喜欢捏软东西的特点。

于是，妈妈又剥开一个香蕉，并递到岚岚手中。岚岚马上就不哭了，迫不及待地拿过香蕉使劲地捏，黏糊糊的香蕉粘满她的手。很快，香蕉泥落到了她的衣服上、床单上。岚岚根本不在意衣服和床单，她还不时地把自己的手拿到眼前仔细观察。大概半个小时后，岚岚终于心满意足了，她挥舞着沾满香蕉的双手，乐得不行……

成长解码

0~2.5 岁的孩子，需要用手抓黏糊糊的东西，从中得到满足。当孩子发现，用手抓物品，物品变为另一种形状，会产生极大的兴趣。因此，他会对香蕉、打碎的生鸡蛋等东西非常感兴趣。如果有软硬两样东西，孩子一般会去捏软的东西，而不去理会硬的东西。

市场上有一种玩具，黏糊糊的、软软的，扔到哪里，它就会粘到哪里。大部分成人看到这个玩具会联想到鼻涕，会觉得很恶心。可是，在孩子的眼里，它却是很好玩。那些软软的东西在手指缝里穿过时，孩子的小脑瓜里可能会想：哇，手真的很神奇呀！在这个过程中，孩子会体验到极大的满足感。所以，很多孩子都非常喜欢玩这个玩具，尽管成人不能理解。

在特定的时期，孩子还特别喜欢扔东西。当你把玩具递给他时，他会马上把玩具扔到地上；你捡起来给他，他继续扔；你再递给他，他还扔……其实，对于孩子，这是一个重大发现。他会认为，他的手不但可以抓东西、捏东西，还能够扔东西。所以，他就会不断地去体验手的这一种功能，就像故事 2 中的那个孩子一样。

教育建议

1. 给孩子用手探索的自由

1岁左右的孩子非常喜欢捏软的东西。孩子手的活动并不仅仅是简单的动作，其中还有着开发智力的作用。如果父母对这些不了解，给孩子设置太多障碍，就等于剥夺了他用手的自由，也剥夺了他认识世界的机会。所以，一定要给孩子用手探索的自由。

2. 提供给孩子用手抓的物品

既然孩子对软的东西、黏糊糊的东西如此敏感，如此感兴趣，那么父母就应该给孩子提供一些供他用手抓的有类似感觉的物品，比如香蕉、打开的生鸡蛋、果酱、乳酪、面团等，这些东西可以作为孩子的安慰物。如果孩子没有机会接触到这些物品，他可能就会用自己的食物替代，甚至去抓自己的大便。

3. 给孩子不怕摔的东西

可能很多父母遇到过孩子摔东西的情况，有的父母也许会问："如果给孩子自由，难道就是允许孩子摔坏家里的东西吗？"其实，当孩子摔东西时，父母还是需要采取措施和正确引导孩子的。比如，故事2中的那个孩子，父母可以给孩子不怕摔的塑料杯子或硬纸杯子，并告诉孩子，不可以有这样的行为，杯子坏了就没办法用了。当孩子拿到塑料杯子并发现杯子不能被摔碎时，他会很纳闷，也许还会敲打杯子，研究一番。但最终他发现杯子摔不坏时，他就不会再扔杯子了，那么他扔东西的敏感期也就顺利地过去了。

孩子非常喜欢玩沙、玩水

——玩沙、玩水是培养孩子专注力的"利器"（1~6 岁）

身边故事

故事1

幼儿园有好几个沙池，孩子们刚进这家幼儿园时，没有一个不喜欢沙子的。

有一个小朋友在来幼儿园的第一天，就跳进了沙池，迫不及待地抓起一把细沙，沙子从他的手指缝中流出，落到手臂上，再从手臂上落到沙池里。这种感觉让他惊喜万分的，他的脸上流露出难以掩饰的兴奋的表情。

还有一个小朋友，刚来幼儿园时，非常好动，但是只要他一进到沙池里，就一下子变得安静起来。旁边的一个孩子问："你在做什么呀？"那个孩子回答说："我在做蛋糕。"

"我可以跟你一起做吗？" "好啊！"

他们两个开心地一起做起"蛋糕"来了。

要是无人打扰，那些原本好动的小朋友，可以在沙池里玩好长时间。入园半年以后，那些好动的小朋友的专注力得到了很大的提高。

故事2

星期天，妈妈在洗衣服，3 岁的儿子一个人在厨房里折腾，很安静，没有来回地打扰妈妈。半个小时后，妈妈把衣服洗完了，她想知道儿子到底在干什么。于是，她就走进厨房。

她看到儿子竟然在玩水，正在一声不响地玩着自己发明的小游戏。儿子先是把盆子里装满水，然后把各种小玻璃球扔进水中，接着，他又把它们都捞出来，放到另外一个盆子里。然后，他又把刚才那盆水倒进刚刚放进球的盆子。之后，他又把那些小玻璃球一个个地捞出来，放到另外一个盆子里，再倒上水，再捞出来……

妈妈在旁边看着儿子玩了半小时，也没有打扰他。儿子很专心，根本就没有发现妈妈……

成长解码

孩子可能很快对某一个玩具失去兴趣，但是会一直喜欢玩沙、玩水。沙子和水是孩子最好的天然的玩具，这类天然玩具是孩子创造力的源泉。

孩子喜欢玩沙、玩水的敏感期会贯穿孩子的整个童年。只要一有机会，他们就会被沙子和水吸引去。即使再好玩的体育器材，再有意思的体育运动他们也许都不会参与。那么，孩子为什么会如此喜欢玩沙、玩水呢？

这是因为，沙子就好像水一样，它可以被塑造出各种形状，而且特别容易被掌握，会有数不清的玩法。孩子通过玩沙、玩水，可以给孩子空间感以及认识事物的流动性，更可以提高孩子的想象力和创造力。沙子和水的共性，让孩子很喜欢将沙和水融为一体，在它们之间寻找到更好玩的玩法。孩子对水的兴趣会一直持续到 12 岁，即使孩子每天玩水，他们也不会感到厌烦。

教育建议

1. 理解孩子玩沙、玩水的行为

如果我们到海边的沙滩去，会不会很自然地脱下鞋子感受那些细沙，感受海水拂过皮肤的幸福感呢？如果我们回想自己小时候玩沙、玩水的愉快经历，会不会感到很有趣呢？

因此，最大限度地亲近自然是人的天性。当孩子在沙堆上玩个不停，不舍得离开时，父母一定要理解孩子的行为，要允许孩子多玩一会，也不要担心孩子的衣服被弄脏。弄脏了衣服可以洗，孩子美好的童年丢了就找不回来了。

2. 孩子玩尿也没什么

在孩子眼里，尿与水是一样的。他们会把自己的尿，尿到土上和泥巴。很多孩子都有这样的经历。成人可能会觉得这种玩法不卫生，但是尿液本身是无菌的。建议父母对此不要有过多的干涉，在保证安全的前提下，让孩子自由成长。如果因为一些枝节问题经常打断专心做某件事的孩子，很可能导致孩子专注力差、注意力不集中等后果。

3. 利用玩沙、玩水培养孩子的专注力

在这个特定的敏感期，孩子一旦玩起沙子或水，就会乐此不疲，非常的专心。父母可以利用这样的机会，培养孩子的专注力，其实很简单，只要给孩子玩沙、玩水的自由，不去打扰、干涉孩子就可以了。那么，他形成专注的好习惯就是自然而然的事情了。

墙壁、地板被孩子涂成了"大花脸"
——绘画敏感期要经过 4 个阶段（4~5 岁）

身边故事

故事 1

儿子 4 岁半的时候，突然对绘画产生了浓厚的兴趣，平时不是在墙上乱涂，就是在门上乱画，甚至连大衣柜里的木板上也画了一些乱七八糟的东西。这种乱涂乱画的毛病让妈妈感到很生气，她认为，好好的家都让这个儿子给涂成"大花脸"了。

有一天，儿子又在妈妈刚擦过的门上画了起来，妈妈当然就很生气，就走过去问："这是画的什么呀？"儿子很认真地说："我在画我们老师！"妈妈看了半天，也没看出是个人来，可儿子却一本正经地说："看，这是老师的长头发，这是老师的眼睛，胳膊……"

儿子不解释还好，这一解释，妈妈就更生气了："你的老师？你老师就长两根头发呀？你老师就一只眼睛呀……"妈妈给孩子的"大作"挑起了毛病。总之，在妈妈的眼里，孩子的画的什么都不是。

妈妈还没说完，儿子就把笔一扔，哭着跑回了自己的房间。两个月后的一天，妈妈去听了一堂亲子课程，听完她才知道自己的儿子正处于绘画敏感期。但是，遗憾的是，以后不管妈妈再怎么劝儿子画画，儿子都不再画了。

故事 2

小凡是个非常活泼好动的 4 岁男孩，妈妈最近发现他迷上了画画，他从早画到晚，

一点也不觉得累。

在妈妈看来，小凡就像一只辛勤的小蜜蜂，只要有机会，他就会拿起笔来画画。当然，笔也不一定是水彩笔或蜡笔，就连铅笔，甚至是爸爸的钢笔，小凡也是拿起来就画，而且很难再放下笔。

有时候，小凡在周末也会早早起来开始画画，一直到吃午饭。妈妈观察，在绘画的过程中，小凡看起来很享受，非常有激情，也很认真，简直就像一个绘画大师！

成长解码

孩子在4~5岁这个阶段，会进入绘画敏感期。尽管孩子画的东西在成人看来是乱画，但实际上孩子并不是在简简单单地画，而是根据他内心的引导，在进行自发的活动。换句话说，他在画自己的情感。这时，即使孩子画得不好，父母也不要去纠正或批评他，要让孩子充分表达自己。

一般来说，在敏感期的孩子，会不分时间、不分地点地一直做他感兴趣的事，会从早做到晚，甚至连午饭也不吃，连觉也不睡，就像故事1中的那个在绘画敏感期的男孩，他随时随地都在画，可遗憾的是，他的妈妈不理解孩子。

孩子的绘画敏感期通常会持续1个月到1年的时间。在这个敏感期里，即使父母不教孩子画画，孩子也会自发地画，会随心所欲地画。如果父母能在这个时期给孩子充分绘画的自由，孩子的绘画能力可能就会突飞猛进。如果孩子在这个敏感期发展得好，就很可能奠定了他成为绘画艺术家的基础。相反，如果父母随意地去干涉孩子，孩子就会错过这个敏感期，在以后可能就不会对绘画提起兴趣了。所以，如果一个孩子在6岁前都没有握过画笔，那他可能就不会有绘画的天赋。

教育建议

1. 允许孩子自由地画画

一位妈妈在看到女儿突然对绘画如此痴迷时，就给她买了绘画的工具和纸张。接下来的第二天，女儿一上午都在画画，中午也没有吃饭，下午依然精神百倍地在画。当女儿吃晚饭时，妈妈过去看女儿的画，发现她已经画了厚厚一摞纸，足足有50张。

孩子在绘画敏感期时，父母应该尽量给他自由，不去干涉他。这样他才能真正享受这个敏感期，在这个敏感期获得他应该获得的满足感，绘画的热情才能延续下去。

2. 不用害怕孩子吃不消

故事1中的男孩和上文说到的女孩的举动，证明孩子对绘画的痴迷程度是父母难以想象的。可能有的父母会很担心：这样的话，孩子的身体能受得了吗？应该让孩子一直这样做下去吗？其实这种担心是多余的，孩子具有吸收性心智，他的学习热情和毅力是非常惊人的，也是与生俱来的，根本就不用父母来夸奖他，也不用刻意去培养。如果父母拿着成人的所谓经验和想法来干涉孩子，就会严重破坏孩子的学习热情和对孩子毅力的培养。

3. 了解绘画敏感期的几个阶段

一般来说，孩子的绘画敏感期要经过4个自由发展的阶段。

第一，乱画阶段。孩子在1岁多时，会拿起笔来乱画，并没有刻意去表达什么，只是把注意力放在握笔上。

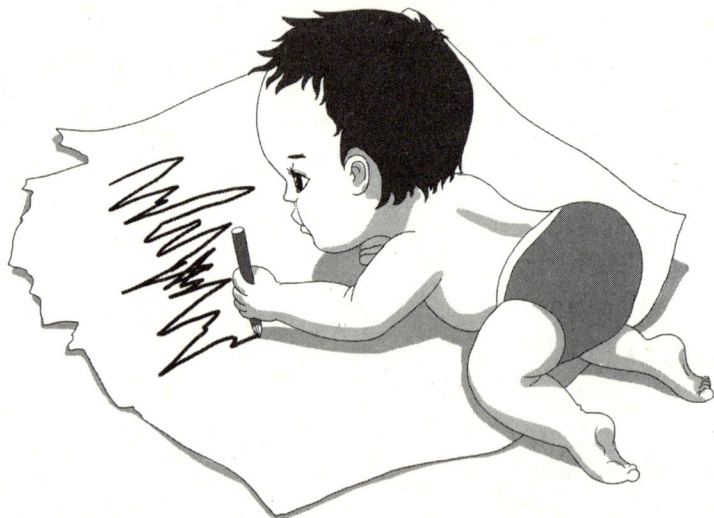

儿童绘画敏感期第一阶段

第二，进入绘画状态阶段。孩子2岁多时，就真正进入了绘画状态，但他的认知能力有限，所以画面常常出现一些抽象符号，成人是看不懂的。

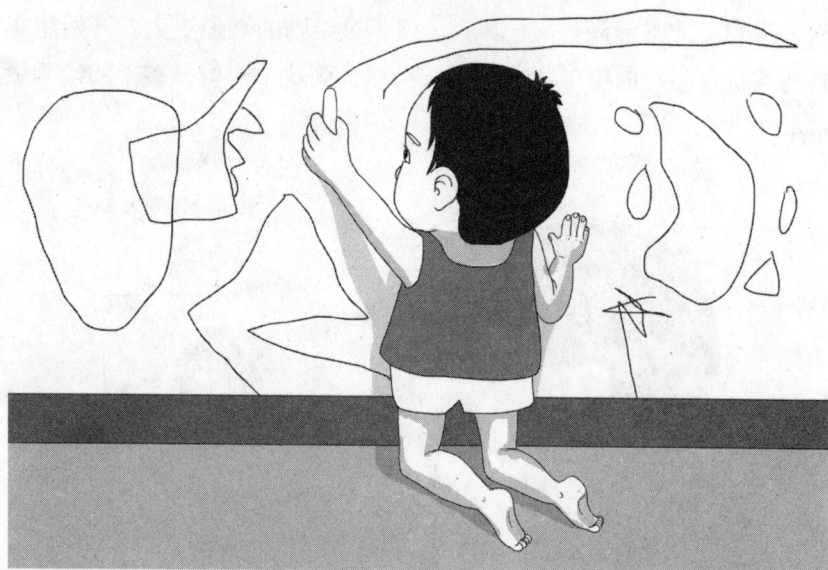

儿童绘画敏感期第二阶段

第三，掌握形状阶段。在这个时期，孩子能大概画出三角形、圆形、方形等形状。但是，他们看事物往往很片面。所以，孩子的绘画作品可能会出现除了一只眼睛外什么都没有的脸。在这个阶段，父母不要站在成人的角度对孩子的画妄加评论。

儿童绘画敏感期第三阶段

第四，关注细节和表达阶段。孩子在 4 岁半左右，开始关注细节，他们在画脸时，五官会非常清晰。6 岁以后，孩子对绘画的兴趣更大，开始用丰富的绘画技巧表达自己对周围事物的认识。当然，到这个时候，孩子的绘画敏感期也就基本结束了。

儿童绘画敏感期第四阶段

4. 要学会等待

儿童绘画敏感期的 4 个阶段是一步一步完成的，而非一蹴而就。所以当父母看到孩子乱画时，一定要有耐心，要学会等待，等待孩子的成长。倘若对孩子加以否定，就可能会像故事 1 中的孩子那样，绘画的艺术细胞被扼杀。

5. 给予指导但不急于纠错

在孩子的绘画敏感期，父母一定要给孩子提供一个充满自由的绘画环境。在孩子需要的时候，给予他耐心的、必要的指导，这种指导是为了满足他的某种内心需求所做的指引。比如，孩子可能不太关注细节，这时父母就可以有意识地提供机会让孩子去接触一些事物，观察事物，孩子自然会关注到那些细节。但是，千万不要急于指出或纠正孩子的错误，也不要对孩子进行培训。当然，不急于纠错，并不代表对孩子的绘画不闻不问。

听到音乐就会高兴得手舞足蹈

——给孩子一个自由的音乐环境，不逼迫孩子去学某种乐器（2~5岁）

身边故事

故事 1

星期天，2岁半的乐乐正和邻居家的小伙伴在他自己的房间里玩耍，突然，电视里传来了欢快的音乐声，音乐声马上引起了乐乐的注意。

最近一段时间，妈妈发现淘气好动的乐乐成了一个音乐迷，不论他在干什么，只要一听到音乐，他都会放下手中的玩具，和着音乐声，手舞足蹈起来。

咦，乐乐怎么突然不跳了？哦，原来是停电了……乐乐有点失望，他又去和小伙伴玩耍去了……

故事 2

一位妈妈曾这样说：

"女儿是在4岁时进入音乐敏感期的。那个时候我每天去幼儿园去接她，她总是拉着我的手去练琴房，说：'妈妈，我想弹钢琴！'不过，有时候她一句话也不说，而是拉着我的手就往琴房走。那段时间，我和女儿都是天黑以后才回到家。"

"女儿在那段时间里学会了一些简单的曲子。当时家里也没有钢琴，她就会把老师的教科书借到家里来。家里没钢琴，她也有办法，她把家里的暖气片当钢琴，然后摆上琴谱，就在暖气片上有模有样地弹起来，一边弹还一边唱，能连续不断地弹唱一个小时呢！"

"这种情形大概持续了3个多月。后来，女儿虽然不像那段时间天天练了，但那段时间却为她以后学习音乐打下了良好的基础。"

成长解码

孩子的音乐天性是与生俱来的，在婴儿阶段，孩子对音乐的曲调是否优美并不敏感，他们对节奏的变换更感兴趣，也更关注。随着孩子的成长，他不仅用听觉去感受音乐，他还用整个身体的肌肉与心灵去感知音乐。

在孩子两三岁时，各种能发出响声的乐器会带给孩子欢乐，当然这也为父母传递了一个信息：孩子的音乐敏感期来了。在这个敏感期，孩子会随时随地跟着音乐的节奏翩翩起舞，即使他连歌词都不知道是什么意思，也会自己哼唱不知道什么时候学会的歌。当孩子听到有规律的节奏，他会高兴得手舞足蹈，充分体验音乐带给他的美妙感觉。

每个孩子都是天生的艺术家，尽管不是每个孩子都能成为音乐家，但是，音乐会带给孩子更多的快乐。

教育建议

1. 给孩子一个自由的音乐环境

很多父母认为，孩子听到音乐就扭屁股，或者随着音乐兴奋地蹦蹦跳跳，就说明孩子有音乐天赋。其实，每个孩子在小时候都会有这样的表现。问题是如何最大限度地成就孩子的音乐才能，这就需要看父母能否为孩子提供一个自由的音乐环境。

自由的音乐环境是，孩子可以听到各种类型音乐的环境。如果孩子喜欢，可以请有一定专业基础的老师来引导。当然，作为家长要有一颗平常心，如果孩子在音乐方面感兴趣并且愿意学下去，就一定要支持孩子。原则上，一切要从孩子的实际情况出发，切不可将自己的主观愿望强加给孩子。

2. 了解孩子音乐敏感期的阶段

孩子的音乐敏感期也有几个阶段。孩子两岁时，比较喜欢节奏，并能很好地把握节奏；到三四岁时，孩子可能会对简单而重复的韵律感兴趣；五六岁时，他开始选择自己喜欢听的音乐，并自发地用动作来表达韵律比较复杂的音乐；七八岁时，孩子已经能够体验音乐带给他们的快乐了，有的孩子会深深地沉浸在音乐中，甚至会为音乐而流泪。所以，父母应该给孩子提供欣赏各种音乐的机会，从而让他在音乐上达到更高的境界。

3. 不要逼迫孩子去学乐器

很多父母逼迫孩子学习各种乐器，孩子对此感到非常痛苦。其实，在孩子音乐敏感期到来时，父母应该顺其自然地去挖掘孩子的音乐天赋。要知道，提高了音乐感知和鉴赏能力的孩子会比那些痛苦地学习乐器的孩子的乐感好很多，而且也会更快乐。

4. 经常开开家庭音乐会

孩子在音乐敏感期时，会主动学习音乐。这时，父母可以尝试在家庭中开音乐会，全家人都可以参与到音乐表演中来，从而激发孩子继续学习音乐的热情。在音乐会上，孩子可以演奏乐器，可以唱歌，可以随音乐起舞等。总之，一切跟音乐有关的事情都可以让孩子大胆尝试，同时要注意给孩子积极正面的评价。

第四章
关注细小事物敏感期
（1.5~4 岁）

❧〰❧

地上的小线头、床上的头发丝、桌子上的纸屑、玻璃上的小黑点……当孩子对细小的东西感兴趣时，表明孩子关注细小事物的敏感期到来了。这个时期，孩子会乐此不疲地观察它们，会把它们收集到一起，当作宝贝来珍藏。对于孩子的这些"奇怪"行为，父母不要惊讶，也不要去打断，而是要顺其自然，让孩子自由地成长。这样，孩子才能顺利度过关注细小事物的敏感期。

❧〰❧

爱玩线头、纸屑等细小物品，甚至放到嘴里品尝

——孩子在以独特的方式感知世界（1.5~4岁）

身边故事

故事1

妈妈抱着不到2岁的女儿在沙发上看电视，可女儿突然坐不住了，她不说话，只是用手指着一个地方，嘴里还"嗯、嗯"地叫着。

顺着女儿手指的方向，妈妈看了看，什么也没有发现。于是，妈妈换了个姿势抱女儿，可女儿还是用手指着刚才的地方，"嗯、嗯"声比刚才还大呢！

妈妈觉得有点蹊跷，就把眼睛凑近了孩子指的地方。妈妈看了好一会儿，终于在沙发背上发现了一个小小的线头。妈妈把小线头捏起来，女儿很兴奋，眼睛瞪得老大。看来，女儿刚才指的东西就是这个小线头了。

妈妈担心这个小线头会被孩子吃到嘴里，就把它给扔到了垃圾篓中。女儿扒开妈妈的手，一看，线头没有了，竟然不愿意了，哇哇地哭了起来。

故事2

两岁的儿子早上刚起床，他发现了一根头发丝，拿到眼前端详了一会儿，接着，他就把头发放进了嘴里。

这时，妈妈赶紧说："快吐出来，脏呀！"可儿子好像没有听见一样，还咂摸咂摸嘴，好像要尝出点味道来一样。妈妈着急了，又很严厉地说："吐出来，快！"因为声音比较大，孩子被吓着了，哇哇地哭了起来。

故事3

妈妈带着2岁半的儿子到超市去购物，快要到超市的入口处了，儿子突然要从妈妈的怀抱里下来。于是，妈妈把儿子放下。

儿子蹲下来，开始捡地上被人撕碎的纸屑。妈妈看了看，那些纸屑是被撕碎了的收银小票。妈妈知道，这是孩子关注细小事物的敏感期到了。她耐心地看着儿子一点点地捏那些纸屑，心中有种说不出的感动。

接着，妈妈也蹲下来，和儿子一起捡起纸屑……

成长解码

孩子的视角与成人不同，孩子的内心世界也是独特的。他通常会关注那些成人看不见或根本就不在意的不起眼的东西。对于细小事物的关注其实是孩子观察力有所提高的表现。因为孩子看微小的事物是需要专注精神的，也是需要有足够耐心的。故事1中的小女孩显然已经进入了关注细小事物的敏感期，所以她才能"大老远"就看到沙发背上的那个小线头。对孩子来说，这个小线头就是一个"宝贝"，当这个"宝贝"被妈妈捡起来又扔掉时，孩子自然会很伤心。同样，故事2中的男孩也是处于这个敏感期，他还试图用口来辨别头发的味道，但他的妈妈认为不卫生并严厉地呵斥孩子。其实，去观察和体验的过程要比观察对象本身要重要，这是孩子以自己独特的方式在感知世界。对于孩子这样的行为，父母在保证安全的情况下，不要去制止。

教育建议

1. 了解孩子的正常表现

孩子会对细小的线头或是衣服上的某个小图案产生极大的兴趣，并拿起来玩个不停，这是孩子关注细小事物敏感期的正常表现。每个孩子都会经历关注细小事物的特殊时期。在这个敏感期内，孩子的视野与成人是截然不同的，他会关注细小的东西，往往哪个事物越微小，他就会越关注哪个事物。家长可以抓住这样的机会，培养孩子的观察能力。

2. 不轻易阻止孩子的行为

当孩子对某个细小的东西，如小线头比较感兴趣时，父母应该在保证安全的情况下，给他一定的自由，让他自主地去处理。这样，孩子就能享受对细小事物关注的敏感期。父母一定要了解孩子的发展规律，不要轻易阻止孩子的行为，以免打扰孩子认识事物。

另外，如果父母武断地去阻止孩子，孩子会因为内心的某种要求得不到满足而受到伤害。孩子发现的东西很可能是父母平时根本不会注意和不容易感觉到的东西，父母不可以用自己的标准和喜好去评判孩子关注细小物品的行为。

3. 与孩子一起感受细小事物的神奇

父母可以尝试与孩子一起玩头发丝，父母可以用一些语言来配合头发丝的形状变化，比如："看，头发丝变直了，现在又变弯了，现在又变成圆形了，现在是波浪线……"

父母还可以与孩子一起玩小线头，让孩子体会去关注细小事物的乐趣。这样，既能防止出现所谓的危险与不卫生的情况，又能拓展孩子的思路，可以说是一举两得。

4. 尽量不去打扰孩子

有人说，培养和保护孩子的专注力是科学教育方法的灵魂。所以，当孩子正在专注于捡纸屑、头发丝或其他细小事物时，父母最好不去打扰他。这样，孩子才能有机会深入到事物中，获得最真实的体验。

对蚂蚁、小飞虫、蟋蟀等小生命格外关注
——家长应该多带孩子亲近大自然，教孩子尊重每一条小生命（1.5~4 岁）

身边故事

故事 1

一个阳光灿烂的午后，几个三四岁的孩子在小区的楼下玩耍，一个孩子不小心把一片薯片弄到地上了，他还淘气地在上面跺了几脚，薯片被跺得粉碎。过了一会儿，地上的薯片碎屑竟然引来了很多小蚂蚁，它们"蜂拥而上"。几个孩子非常专心致志地看起蚂蚁，后来抓蚂蚁，最后纷纷踩蚂蚁……

故事2

妈妈发现，3岁的浩浩最近好像变了个人似的，刚吃完早饭，浩浩就到自家的小花园里蹲在地上认真地看蟋蟀。

妈妈在他身后站了十几分钟，浩浩愣是没有发现妈妈。浩浩不仅看蟋蟀，而且还试图用大拇指和食指去抓，偶尔抓到一只后，还悄悄放到嘴里。这个过程能持续半个小时。

在那段日子，浩浩每天都到同一个地方看蟋蟀，浩浩的注意力都放在蟋蟀上了，心无旁骛。妈妈很奇怪，心想：浩浩怎么这么喜欢蟋蟀呢？

成长解码

孩子之所以会对非常小的蚂蚁、蟋蟀或小飞虫感兴趣，是因为他已经进入了关注细小事物的敏感期。而且这些小昆虫是有生命的，这更能吸引孩子的注意力。家长可以常带孩子去户外活动，让孩子更多地体验大自然。其实，家长不一定要带孩子去郊外或离家远的地方，在自家小区楼下也能让孩子认识大自然，感受四季的变化。小区楼下的蚂蚁、蟋蟀等小昆虫，可以让孩子开心地观察上好几个小时。

教育建议

1. 给孩子观察蚂蚁等小昆虫的自由

父母应该给孩子足够的自由，让他充分探索、认识这个世界。比如，他在观察蚂蚁时，可能会坐下，也可能会跪下，甚至会趴下，父母不要怕孩子弄脏衣服，要允许他这样；也有的孩子喜欢用手捏起小蚂蚁观察，甚至会把蚂蚁装在瓶子里观察，对此父母都应该允许，从而让孩子能在这个观察细小事物的敏感期得到心灵的满足，获得成长的快乐。

2. 给孩子创造机会观察小昆虫

父母可以有意识地带孩子去观察小昆虫，为他创造这样的观察机会。在孩子观察的时候，父母也可以参与其中，给孩子讲解一些与昆虫有关的知识。这样做，一方面是增长孩子的知识，另一方面也能让孩子感受父母陪伴的温暖。

3. 不要试图打断孩子

很多父母在孩子观察小昆虫时，因为各种原因，而打断孩子。其实，这相当于打扰了孩子的"工作"。

例如，孩子在全神贯注地观察蚂蚁时，妈妈却对着孩子喊："宝宝，吃饭了，不然一会儿菜就凉了！"当妈妈发现催促不起作用时，还可能会硬把孩子拽到饭桌上，也就是说会硬把孩子从"工作"状态中拉出来。

其实，父母再让孩子多观察一段时间又何妨呢？孩子玩开心后，会主动回到饭桌上的。

另外，观察小昆虫对于培养孩子的专注力是非常有效的，如果轻易打断孩子，以后再去培养孩子的专注习惯就会困难很多。

4. 不要让孩子残害小生命

父母要告诉孩子，可以观察昆虫，但不可以残害它们。例如，故事1中的孩子，当他们看到黑压压的蚂蚁群体时，会用脚去踩。对此，父母一定要阻止，要让孩子知道蚂蚁也是有生命的，也会疼，要培养孩子的同情心，让孩子学会珍爱生命，敬畏生命。

第五章
动作敏感期
（0~6岁）

用手抓东西、扔东西、行走、旋转、对插孔感兴趣、喜欢捉迷藏、模仿动作……孩子从出生到6岁为动作敏感期，家长会觉得孩子异常地好动，但这是一个非常自然的成长阶段。父母应该让孩子充分运动，加强孩子手眼协调能力，有效地促进孩子智力的发展。

抓、爬、转、扔，孩子变得异常好动

——家长要做一个欣赏者，让孩子尽情地探索空间（0~2.5岁）

身边故事

故事1

1岁2个月大的帅帅最近突然变"坏"了。有一天，妈妈递给他一块饼干，他明明抓住了，却又把它扔到了地上。于是，妈妈又递给他一块，他又把饼干扔到了地上。扔完后，他还冲着妈妈坏笑。

在以后的几天，不论妈妈递给他什么，他都会扔到地上。而且，让妈妈感到头疼的是，他还会把桌上能拿得动的东西都扔到地上。扔完后，他还会流露出一副胜利者的表情。

故事2

最近，2岁半的珊珊非常喜欢转圈。她喜欢牵着大人的手在屋里旋转。只要一转，她就会非常高兴。

后来，她还学会了自己在原地旋转。妈妈有点担心，怕她转晕了摔倒。可是，当珊珊转得快晕倒的时候，她会自己找个能扶着的地方，站一会儿，然后再转。

这种在成人看来简单无趣的游戏，珊珊却能玩得很开心。每次转完后，她都会咯咯地笑个不停，脸上一副很满足的样子。

故事3

一位父亲看到3岁的儿子正努力地往写字台上爬，儿子的一只脚已经踩稳了一个支点，另一只脚正在试图寻找另外一个支点。这时，这位父亲就立刻把手垫到了孩子的脚下，帮孩子顺利地爬上了写字台。

当孩子爬上去后，这位父亲还美滋滋地想：看，我一方面帮孩子顺利完成了探索行为，另一方面也培养了他的安全意识。

成长解码

手不仅能抓东西，还能扔东西，这个看似简单的道理，却对1岁左右的孩子来说是个重大发现。1岁左右的孩子喜欢用手抓东西或移动物体。随着手的功能逐渐被开发，他会不断地体验动手的快乐。

当孩子2岁左右时，他会对爬高、爬楼梯、爬桌子、爬窗台等非常感兴趣，当他的这些能力得到提升后，他就会从高处往下跳，从而感受周围的空间。随后，他可能会爱上旋转。例如，故事2中特别喜欢旋转的那个孩子，她在用旋转的方式感知身边的空间。通过这个行为，孩子会得到空间感，形成空间概念。

不管是抓、爬、转、扔，对孩子来说，都是一种动作的训练，热衷于这些动作的孩子都处于动作敏感期。家长应该在保证安全的情况下，鼓励孩子多做运动，因为运动能增强体质，对心理发展也起着重要的作用。

教育建议

1. 允许孩子适当地爬高和向下跳

2岁左右的孩子会很喜欢爬高，比如爬上桌子、椅子甚至是窗台，当然也会从高处往低处跳，孩子通过这些运动来满足他们的心理需求。但是，很多父母会以危险为理由拒绝孩子这样做，约束他们的行为，使得孩子的心理需求得不到满足，身体动作的潜能也得不到正常的发展。

2. 尽量不要帮助孩子完成探索动作

很多父母会出于所谓的"安全"方面的考虑，帮助孩子完成一些所谓的"危险"动作。故事4中那位父亲的"帮助"，让孩子丧失了安全意识，有了这次被帮助的经验后，孩子会觉得，当他踩空或寻找支点时，会有一只手或别的东西来帮助他。在错误的意识下，孩子会很容易受伤。所以，有智慧的父母都不会试图帮助孩子完成某些相对安全的探索动作。

3. 在孩子背后做一个欣赏者

当孩子处在探索空间的敏感期时，父母应该学着承受一些压力，学会在孩子背后做一个默默的欣赏者，给孩子充分的自由，让他尽情地探索，而不要过多地担心卫生、安全等问题。即使遇到所谓的"危险"，父母也不要把这种"危险"放大，让孩子有恐惧心理，那样，孩子可能会害怕出危险，而停止对空间、对世界的探索。

4. 给孩子提供合适的旋转环境

当孩子爱上旋转时，父母最好不要干涉他，因为他在用这种方式去探索空间。适当的旋转对于促进孩子的大脑成长有着积极的作用，而且还能提高孩子的平衡性和协调性。

父母应该尽可能地给孩子提供一个合适的旋转环境。比如，可以让孩子在客厅里旋转，当然要把那些容易让孩子受到伤害的障碍物，如带棱角的茶几、椅子等暂时搬走或挪开，当孩子顺利度过这一敏感期后，再将客厅恢复原样。

盖瓶盖、插吸管、拔钥匙，孩子爱上带孔的东西
——适当探索有孔的空间，有助于锻炼孩子的手眼协调能力（1~3岁）

身边故事

故事1

2岁的儿子突然对瓶盖非常感兴趣。于是，妈妈就拿给他，但儿子并不是玩瓶盖，而是小心翼翼地把瓶盖盖到瓶子上，然后又把它拿下来，再盖上去……就这样反反复复30多次后，他才心满意足地离开……

故事2

夏天到了，2岁的洁洁突然喜欢上把吸管插到饮料盒的孔里这个动作。

有些饮料盒的孔非常小，洁洁的小手无论如何也对不准那个小孔。经过不懈的努力，终于把吸管插进去后，她会非常开心。

现在，洁洁已经很容易就能把吸管插到饮料盒里了。尽管如此，她还是对这件事很感兴趣。

故事3

妈妈把2岁半的女儿从幼儿园接了回来，到家门口的时候，妈妈拿出钥匙，插到门锁上开门。只见女儿的眼睛直勾勾地看着还在锁孔里晃动的钥匙。

"宝贝，快，进屋呀！"可女儿好像没有听见一样，只见她开始伸手去拔那串钥匙。拔下来后，她又试图去把它插到锁孔里去。

妈妈本以为她把钥匙插进去就会进屋的，没想到，女儿又拔下来，再插……就这样"折腾"了20多分钟，女儿才心满意足地进屋。

成长解码

孩子1岁多的时候，会对带孔的东西感兴趣，比如插孔玩具，喜欢拔插吸管、盖瓶盖、插拔钥匙等。这说明孩子已经进入了探索空间的敏感期。此时，孩子已经具有了一定的空间感。孩子在用手去插孔来探索空间，提升他的动作能力，锻炼他的手与眼睛的协调能力，同时构建他的专注力。

教育建议

1. 允许孩子去自由地插孔

一位妈妈曾这样分享她的教子经验："当孩子喜欢开瓶盖、盖瓶盖的游戏时，我就专门给他找了一个带盖子的小塑料瓶。这样，孩子就可以尽情地玩开瓶盖、盖瓶盖的游戏了。"这位母亲做得非常好。故事3中的那位妈妈做得也不错。因为只有这样，孩子才能享受这个敏感期，才能让孩子的心智与动作共同发展。

2. 孩子不是"捣乱"，不要呵斥他

很多父母看到孩子"无缘无故"地到处乱插孔时，就认为孩子是在"捣乱"，于是就会阻止甚至呵斥孩子，试图让他变成"乖宝宝"。但父母眼中的"乖宝宝"感受空间的能力、想象力、创造力、智力潜能、动作协调能力都会比较差一些。在蒙台梭利看来，有两样东西与人的智慧是密切相关的，那就是舌头与手。当孩子能够自由地使用他的手时，手就成了他发挥智慧的工具。所以父母不要呵斥他，而是要在保证安全的情况下，尽量支持孩子。

孩子对捉迷藏"情有独钟"
——捉迷藏可以帮助孩子获得方位的概念（2~4岁）

身边故事

故事1

3岁半的南南最近特别喜欢与爸爸一起捉迷藏。爸爸是大灰狼，南南是小山羊。

捉迷藏游戏开始了，南南迅速地藏到了壁橱里。爸爸假装找不到他。于是，南南就大声喊："我在这里！我在这里！"爸爸听到儿子的叫声，就兴奋地过来开壁橱的门。捉迷藏的游戏持续了很久，尽管爸爸累了，但还是强打着精神陪孩子玩……

故事2

最近，一位妈妈发现她3岁的儿子终于喜欢做一件事了，那就是捉迷藏。

以前，儿子是很爱赖床的，妈妈要叫他好几次才起来。可现在，只要他听到房间外面有动静，他就立刻以最快的速度把头蒙起来，等着妈妈来"找"。每天早上儿子都会这么做，只要妈妈"找"到他，他就会立即起床。

他在幼儿园也喜欢捉迷藏，他会藏到某个角落，或是桌子底下，让别的小朋友去找他。很多时候，他也非常乐于去找其他小朋友。

他玩得乐此不疲，找到了还藏，找不到他就跳出来让别人看见，然后再藏起来，等人去找他……

成长解码

虽然孩子知道一个有形的空间可以容纳物品，但是当孩子发现，某个有形的空间也可以容纳自己的身体时，孩子会感到非常的神奇，他会认为这是一个相当重大的发现。于是，他会乐此不疲地用自己的身体去感知这种神奇、体会空间带给他的乐趣。他会不厌其烦地把自己藏到床底下、桌子底下、大衣柜里或壁橱里。

捉迷藏这个游戏，可以使孩子从中获得各种方位的概念。当孩子四五岁时，他会与其他小伙伴玩复杂的捉迷藏游戏（游戏规则较多），并且会在游戏的过程中观察周围的环境，发展动作协调能力，提高认知能力。

教育建议

1. 要找到"藏"起来的孩子

对孩子来说，捉迷藏就是为了让人找到他，他越是被找到，他就会越高兴、越快乐。相反，如果他藏起来后一直没有人能找到他，就会打击他的积极性，孩子就会渐渐对捉迷藏失去兴趣。

如故事1中的孩子，当爸爸假装找不到他时，他就会自己喊出声来，提醒爸爸他藏在哪里。可见，孩子对于捉迷藏与成人理解的捉迷藏是不太一样的，所以一定要把"藏"起来的孩子找出来，孩子才会更开心。

2. 要有耐心，不要烦躁

在成人眼里，捉迷可能没什么；可在孩子眼里，捉迷藏则有着无穷的乐趣。尽管如此，面对喜欢捉迷藏的孩子，父母也应该配合他，要有足够的耐心，千万不要烦躁。

3. 满足孩子的探索需求

一位爸爸意识到儿子非常喜欢捉迷藏后，就把家里的大纸箱给儿子当玩具。这个孩子不单用它捉迷藏，他还会把自己的小枕头、小毛巾、吃的、喝的都搬到纸箱子里，还在里面"睡觉"。

其实，家中简单的生活用品甚至废旧物品，同样能给孩子提供探索的机会，同样能满足孩子的心理需求。建议家长寻找一些类似的物品给孩子玩，增加他的空间感，满足他的探索需求。

孩子不厌其烦地玩垒高的游戏
——垒高游戏可以帮助孩子培养三维空间感（3~4岁）

身边故事

故事1

"哗"的一声，3岁2个月大的小豆又将垒高的积木推倒了，他的小脸上洋溢着胜利的微笑。这已经是第三次了。妈妈一直在旁边看着，没有做声，也没有去打扰他。

小豆玩了将近两个小时，可能是觉得累了吧，推倒之后他站了起来。妈妈以为小豆不玩了，就蹲下来想帮他收拾残局。

没想到的是，小豆竟然不让妈妈收拾。为什么呢？原来，是小豆想上厕所了。从厕所回来的小豆又坐了下来，开始了新的垒高……

故事2

即将满3岁的小雨最近喜欢上了垒高的游戏。他不单是垒积木，还垒家里的物品。比如，他把家里的小凳子都搬到一起，一张一张地摞起来，摞成一个小"高楼"。然后，他再把这座小"高楼"呼啦一下子推倒。

看着地板上倒得乱七八糟的小凳子，小雨一点都不心疼，还有点胜利者的姿态。他非常满足地看一会儿后，再把它们垒成刚才的样子，然后再次推倒……

成长解码

一般来说，1岁多的孩子就能把积木垒得很高。但是，孩子的这种"兴趣"大多是源于对父母夸奖的一种反应，而不是对垒高本身感兴趣。

但是，三四岁的孩子对垒高游戏感兴趣却是自发的，是探索空间敏感期的一种表现。也就是说，孩子在这个时候会通过垒高再推倒的方式感知周围的空间。所以，大多孩子会不厌其烦地玩着垒高的游戏。

教育建议

1. 支持孩子的垒高行为

对于三四岁的孩子来说，他只想把自己的玩具或其他的物品垒高，他会从垒高再推倒的过程中感受到乐趣，当然也会感知到空间的存在。所以，当看到孩子把玩具都垒高，甚至是把吃饭用的盘子、碗等都垒高时，千万不要生气，只需要让他尽情地垒高就可以了。当然，可以把这些物品换成不怕摔的。

2. 借机让孩子了解更多的知识

父母可以在孩子玩垒高游戏的时候，借机引导孩子了解更多的空间概念。

一位父亲看到3岁的儿子把小的积木块放在下面，把大的放在上面。结果，他垒的"高楼"很快就倒了。

这时，在一边观察的父亲说："你想想为什么会倒呢？积木有大有小，试试把大的放在下面吧！"于是，孩子把大积木放在下面，小积木放在上面。这下，"高楼"真的垒高了，儿子乐得手舞足蹈起来。

3. 与孩子一起做与垒高有关的扩展游戏

父母应该与孩子一起做与垒高有关的扩展游戏，体验亲子协作的乐趣和成就感，培养孩子手部肌肉的控制能力。

游戏范例

需要准备一些积木，一个小篮子（篮子的大小以不能一次装完所有的积木为宜）。

父母在地上画上白线，把所有的积木放到白线的后面，让孩子按照家长规定的积木数量用篮子把积木取回来，并把积木垒高。父母也可以跟孩子比赛，看谁垒得最快、最高。

把纸剪碎、乱贴、乱涂
——孩子开始有意识地使用一些工具（3~4岁）

身边故事

最近几天，快满4岁的晓峰不爱到户外活动了。原来，晓峰爱上了剪纸，还把剪下来的小纸片小心翼翼地装进塑料袋里。后来，他将纸折上折痕，然后再拿出剪刀沿着折痕去剪。

一天中午，小朋友们都午睡了，可晓峰却不见了。老师发现晓峰坐在教室里的毯子上专心地剪纸呢，旁边还有一个装碎纸的塑料袋。老师就问："晓峰，你剪这么多纸片做什么呀？"

晓峰认真地回答："我家的墙壁脏了，我要把这些纸片贴到脏的墙壁上。"

过了几个月，晓峰对剪纸的兴趣淡了，他喜欢上了涂色。刚开始，他是想怎么涂就怎么涂，完全是随心所欲。后来，他能够很好地搭配颜色了，涂出来的"作品"也像那么回事了。

成长解码

孩子到了三四岁，会很自然地爱上剪、贴、涂等动作，孩子的这些动作都是敏感期的正常表现。

至于孩子是怎么安排剪纸、贴纸和涂色的，可能只有孩子自己清楚，成人是无法理解透彻的。孩子很可能是在按照自己心灵的指引去构建自己。父母能做的，就是让他自己去完成这些事情，不要去打扰他。在这期间，孩子还能学会使用一些工具，如剪刀等。

一开始，孩子可能剪得杂乱无章，就像搞破坏一样，但慢慢地，他就开始剪得有些秩序了，知道该按照什么样的模式去剪。剪完后，他可能把小纸片贴到某个地方，或是在小纸片上涂上颜色。当然，开始涂色的时候也是比较随心所欲的，根本不会注意到是否合乎情理，是否有美感，但慢慢地，他会逐渐学会搭配色彩，最终可以把颜色涂得很漂亮。这里的涂，不仅是涂色，还指涂鸦。

教育建议

1. 给孩子剪纸、剪图的机会

父母应该有意识地给孩子剪纸、剪图的机会，而且不要强迫孩子剪好，要让孩子喜欢怎样剪就怎样剪。孩子手的灵活性才能得到更大的提升。

2. 给孩子提供涂鸦参考书

孩子在这个敏感期，不仅喜欢涂色，还可能喜欢涂鸦。父母要想让孩子的涂鸦"工作"做得更好，就应该有意识地为他提供一些涂鸦的参考书，可以向孩子讲解书中的内容，指导他去模仿。一段时间后，随着孩子运笔能力的提高，孩子就会有目的地去画一些东西。

同样，在孩子涂鸦的过程中，父母不要要求孩子这样画，或那样画，也不要要求孩子画什么，否则就会打消孩子的积极性，甚至引起孩子的反感。

3. 教孩子进行手工制作

父母可以教孩子一些手工制作。手工制作可以很好地锻炼孩子动作的灵活性，教会孩子使用更多的工具，还能提升孩子的思维敏捷性。在教孩子手工制作时，父母不要有功利心，应该给予孩子自由，让他在自由的状态下进行他感兴趣的手工制作。

要给孩子准备一些手工材料和工具，甚至可以给孩子准备一个手工材料箱。常见的手工材料和工具有：盒子、硬纸片、装饰纸、泡沫塑料、彩球、荧光贴纸、胶水、水彩笔、白纸、棉线、纸袋、彩带、安全型剪刀、不干胶贴纸、尺子、碎布、细绳、可以剪裁的图画书、废弃的家用工艺品或装饰物等。

当孩子面对手工材料发呆或沮丧的时候，父母可以一样一样地拿给孩子，必要时可以给孩子做示范。

孩子喜欢走带坡的地方
——合理满足处于行走敏感期孩子的行走要求（7个月~2岁）

身边故事

故事 1

1岁半的儿子刚学会走路，所以非常爱走路。进到大型商场后，因为人特别多，妈妈就想抱着儿子乘电梯上楼。可妈妈刚把他抱起来时，小家伙就不干了，大哭大闹，挣扎着要下来。

妈妈没有办法，只好来到步行的楼梯口，一步一步地上楼梯。妈妈感到有些纳闷，心想："以前儿子不是这样的啊，老是喜欢让我和他爸爸抱，可为什么最近就特别爱走路了呢？"

故事 2

两岁的妞妞最近特别喜欢走有坡度的地方，还特别喜欢爬楼梯。不管回家，还是在幼儿园，她都不愿意坐电梯，而是一步一步地爬楼梯。

从幼儿园回家，本来是可以坐电梯上楼的，但是妞妞坚持要爬楼梯，妈妈只好陪妞妞爬楼梯。有时候妞妞好不容爬到了自家住的6楼，妈妈刚要舒一口气开家门时，妞妞突然决定再下楼。妈妈知道妞妞应该是到了她的行走敏感期，也就只好"舍命陪君子"了。

妞妞真是很幸福啊，有一位这么懂她的好妈妈！

成长解码

当孩子到七八个月大的时候，他就开始练习行走了，并很快进入行走的敏感期，这个敏感期会持续到2岁以上。在这个敏感期，孩子会拒绝让父母抱，也拒绝坐着，会要求站起来走路。如果父母想快点走而抱起孩子的话，他往往会不乐意，甚至会生气。虽然孩子走得很慢，但他却乐意一步一步地往前走。

当他的行走能力得到提高后，他就会对带坡的地方感兴趣，喜欢上下坡，喜欢上下楼梯等，而且对此乐此不疲。在这个期间，他会利用几乎所有的时间练习走路，探索腿脚的功能。

教育建议

1. 知道孩子对什么感兴趣

行走敏感期的孩子不仅对楼梯很感兴趣，而且还会喜欢路上的斜坡，会喜欢滑梯，也会喜欢商场超市里带坡度的电梯等。这是孩子对空间进行探索的一种表现，也是在培养双脚这个行走工具，增强腿脚的功能。当父母了解了这些，就应该给予孩子行走的自由，而不是按照自己的意志"替"孩子行走——抱着孩子走路。

2. 一定不要厌烦

孩子在这个敏感期内，会"疯狂"地走路。但是因为孩子走路不稳，父母就要跟在他的后面。而且，还必须时刻准备弯腰去扶他。所以，父母就会非常劳累，宁愿把孩子抱在怀中。也不想让自己一直弯腰跟着孩子的脚步。尽管如此，父母也一定不要厌烦，因为这是孩子行走敏感期的正常表现。

还有一些父母因为"赶时间"，就抱着想走路的孩子赶路，孩子又哭又闹，大人也因此焦躁不安。其实，多给孩子一些时间又何妨？为了孩子，家长应该放慢脚步，在合理的情况下，尽量满足孩子行走的要求，让孩子自由地成长。

3. 为孩子提供良好的感知材料

处于行走敏感期的孩子要用腿脚来感知世界，他想到哪里去，想用什么样的形式来让腿脚获得感知，只有孩子自己知道。父母只有在懂得孩子的基础上，才能为孩子做好选择。不过，有时候因为天气条件或外部环境不好时，孩子就不能很好地去感知腿脚的功能了，这时候就需要父母为孩子提供一些能用腿脚感知的良好材料。

一位妈妈就给2岁的孩子准备了一个行走垫子，表面疙疙瘩瘩的。当妈妈扶着孩子站上去时，孩子一下子对它产生了极大的兴趣，两只小脚不停地在上面来回挪动，感知来自行走垫的感觉，并不断地上来又下去……这种行走垫子非常适用于下雨、下雪或雾霾等天气条件不好的时候。而且，由于行走垫子的材质比室外的地面柔软，也可以避免一些不必要的磕碰，是行走敏感期儿童家中的必需品。

这里要提示家长的是，有些商品非常适合行走敏感期的孩子，比如行走垫子，而有些却不是那么科学。比如，带哨子响的鞋。让孩子穿带哨子响的鞋子是非常不可取的。因为在孩子走路的时候，这种新奇的鞋子会发出尖利的响声，会扰乱孩子对腿脚的感知和对周围事物的观察，打乱他正常的行走节奏，不利于腿脚功能的发展。

4. 要适当地抱一下孩子

在行走敏感期，孩子会感受到自己是一个自由的、活跃的个体。不过，当孩子的行走能力得到充分的发展之后，他可能会重新回到父母的怀抱，尤其是他需要从妈妈的怀抱中寻找温暖和爱意。

这时候，妈妈也要适当地抱孩子。比如，某天孩子走了很多路，他应该还能继续往前走，但他突然回过头来，对妈妈说："妈妈，抱抱！"这时候，妈妈就应该去抱起他来，而不应该说："都会走了，还让妈妈抱？"因为，如果妈妈不抱孩子，孩子心灵得不到慰藉，他会以为妈妈不爱他了，可能会给他幼小的心灵留下创伤。

哪里不平、哪里脏乱走哪里
——不要担心孩子跌倒，尽量满足孩子的探索需求（1~2.5岁）

身边故事

刚下完一场大雨，路上到处是坑坑洼洼的积水。妈妈牵着2岁半儿子呜呜的手去散步，当看到前面有些水洼时，妈妈就想把呜呜抱过去，可是呜呜死活不让妈妈抱。

没办法，妈妈只好让呜呜走的时候小心点。呜呜满口答应。可是，刚走到那个水洼边的时候，呜呜就非常"不小心"地踩了进去，还在里面跺了几下，脸上的表情非常兴奋。

呜呜的鞋子湿了，裤子也弄脏了。妈妈看到眼前的情景，一下就明白儿子是故意踩到水洼里的。妈妈想："既然鞋子湿了，裤子也脏了，那就随他去吧！"

呜呜看到妈妈没有制止他，他踩得更来劲了。呜呜在周围几个水洼里使劲跺脚，把泥点子溅出去很远，连他的小脸上都是泥点子。不过，这都挡不住他踩水洼的热情，他咯咯地笑着，继续踩……妈妈没说什么，看着儿子欢快的样子，妈妈心里也很高兴……

一天，妈妈带呜呜出去玩，不过这次呜呜没有见到小水洼，小家伙好像不太高兴的样子。走了好一会儿，小家伙有点内急，就撒了一泡尿。尿完后，他抬起脚来就向他制造的"小水洼"踩去……

看他那个快乐的样子，妈妈感觉又好笑又无奈。

成长解码

当孩子学会走路后，会有一种强烈的用脚探索的渴望。他喜欢去不平整的地方走，专门去踩小水洼，或者去踩那些又脏又乱的地。一般脏乱的地方，物品放置得会比较杂乱，小孩子天生爱探索，会不自觉地用脚去踩，去感受。故事中小男孩踩自己撒的尿就是一个典型的例子。在那个小男孩眼中，他自己制造的"小水洼"并不脏，并且内心还会很好奇，他可能会想，这个小水洼会不会和他之前踩的小水洼是一样的。在孩子的眼里，无论是自己的尿形成的"小水洼"，还是下雨积水形成的小水洼都是使他无比快乐的源泉。

在孩子的眼里，越是脏乱的地方就越有意思，就越能激起孩子去探索，去体验腿脚功能的欲望。所以，孩子在行走敏感期里，会乐此不疲地找那些脏、乱、差的地方行走。父母在知道孩子行走敏感期特点后，应该积极地欣赏孩子的行为，而不是横加干涉或阻止。

教育建议

1. 不要害怕孩子弄脏衣服

孩子在探索的过程中，难免会把衣服弄脏，父母不应该以此为理由，拒绝孩子去探索。衣服脏了可以洗，而如果错过了孩子的成长敏感期就是一个很大的遗憾。尽管在父母看来，孩子的行为有些淘气，而孩子就是在这样的淘气行为中成长的。

2. 不要担心孩子跌倒

很多父母不允许孩子去自由探索，还有个原因就是怕孩子跌倒，怕他遇到危险。其实这种想法是多余的。孩子在小的时候，不跌倒是不可能的。孩子只有经历过跌倒，才会爬起来。父母一定要看明白这一点，让孩子尽可能地多去探索。

3. 尽量满足孩子的探索需求

虽然孩子特别乐意去那些脏、乱、差的地方行走，虽然孩子会把衣服、鞋子弄脏，虽然孩子可能会跌倒，但是父母要克制住自己，尽量不要去干涉孩子，更不要轻易去阻止孩子，孩子在"淘气"的时候，被家长突然制止，在心理上会有一种说不出的痛苦。所以，要给予孩子充分的理解，尽可能地满足孩子的心理需求。

与孩子一起玩"你扔我捡""学动物跳"的游戏

——让孩子的动作更灵巧（1~4岁）

身边故事

故事 1

最近，爸爸发现 3 岁的儿子特别喜欢扔东西。晚饭过后，儿子看到毛毛熊，就抓了起来，然后扔了出去。爸爸看到后，捡起来递给儿子。儿子又扔，爸爸再去捡……

过了一会儿，爸爸说："儿子，爸爸累了，要不咱们换换，我扔，你去捡，怎么样？"儿子高兴地答应了，于是父子俩换了角色，重新玩起了"你扔我捡"的游戏……

父子俩玩得不亦乐乎，儿子虽然满头大汗，但非常兴奋，一点都不想停下来……

故事 2

女儿 2 岁多了，已经进入了动作敏感期。因为爸爸妈妈特别关注孩子的教育问题，所以对敏感期比较了解。

一个星期六的上午，阳光明媚，微风习习，一切显得那么祥和。于是，爸爸妈妈带着女儿到楼下去玩。到了楼下的空地上，爸爸提议："今天，我们大家玩个游戏，学动物跳。看谁学得最像！"妈妈立即响应，说道："好啊！"女儿也高兴地拍起了小手。

于是，爸爸学青蛙跳，妈妈学兔子蹦，而女儿则学小马又跑又跳……就这样，一家人玩得不亦乐乎。

成长解码

当孩子发现一个物体与另外一个物体处于分离状态时，他就喜欢把手中能够拿到的物体都扔出去，从而体验"物与物是分离的"这个重大发现带给他的快乐。父母可以与孩子玩"你扔我捡"的游戏，让孩子在获得快乐的同时，训练动作的灵巧性。

学小动物跳的游戏也是孩子们非常喜爱的，"学动物跳"可以有效训练孩子双脚的协调能力。

游戏是伴随孩子成长的，会让孩子的童年充满美丽的色彩，还会影响孩子未来人生的发展。所以，为人父母者应该利用好"游戏"这个工具，让它帮孩子更好地成长。

教育建议

1. 在玩游戏时鼓励孩子

在玩游戏的时候，一定要鼓励孩子，这样才能给孩子动力。比如，在玩类似故事1中的游戏时，父母可以不时地说上一句："你能把毛毛熊扔这么远啊，真了不起！""你能跑这么快捡回这个毛毛熊呀，真厉害！"孩子完全能听得懂这样的话，而且还很受用，他会变得更加积极起来。

2. 与孩子一起玩游戏

父母可以参与到孩子的游戏中来，跟孩子一起玩。可以与孩子玩的游戏很多。比如，"网鱼"游戏：父母面对面地站立，手拉手织成网状，孩子扮作小鱼游来游去，当孩子"游"到"网"下面的时候，父母就可以把"网"放下，如果孩子躲闪不及时的话，就会被捉住。当然，父母不要每次都把"鱼"捉住，也要故意让"鱼"逃脱。否则，孩子就没有成就感，就会很快厌烦而放弃不玩了。这个游戏可以训练孩子躲闪动作的灵活性和敏捷型。玩这个游戏时，最好选择宽敞一点的地方，而且要叮嘱孩子注意安全。

只要父母善于思考，善于发现，总会找到适合孩子的，能锻炼孩子动作的游戏。

3. 明白此游戏非彼游戏

这里提到的游戏都是生活中常见的游戏，是在生活中能够切实地去执行、去做的游戏，而不是当今流行的电脑游戏，如《植物大战僵尸》等游戏。父母有责任让孩子玩健康的、有益于身体和心理发展的游戏。父母自己也要以身作则，尽量远离电脑游戏和频繁地看手机刷微信。陪伴孩子的时光是短暂而宝贵的，失去了就不会再有。

第六章

社会规范敏感期
（2~6岁）

————————————————

　　两三岁的孩子会变得非常自我，不管别人对他提出什么要求，他都以"不"来回应。他会指明某种东西是"我的"，喜欢占有和藏东西……这一切的表现，说明他的社会规范敏感期到了。在这个敏感期里，孩子会追求完美，并且对婚姻、性别、身份确认、情感以及社会规则与社会活动等产生极大的好奇心。父母需要认真对待这段敏感期，尊重孩子，并给他自由，使其获得最大限度的成长。

————————————————

不管做什么事，孩子都说"不"
——进入自我意识敏感期的正常表现（2~3 岁）

身边故事

故事 1

2 岁 7 个月大的小武最近看上去特别"反常"。

有一次，他在客厅里的地板上爬来爬去，妈妈说："小武，别爬了，把衣服都弄脏了，站起来走路好吗？"

小武立即回应："不！我就不！"一边说，一边继续爬，一点都没有要停下来的意思。

吃晚饭时，妈妈给他戴餐巾："小武，来，戴上餐巾再吃饭！"

小武还是那句话："不！我就不！"

开始，妈妈还有点耐心，她轻轻地问："为什么不戴呀？"

小武说："就不戴！"

妈妈有点着急了，说："不戴就不能吃饭！"

小武还是不服气："就不戴！"

妈妈更生气了，抄起巴掌就朝小武的屁股拍了几下，小武呜呜地哭了起来……

故事 2

最近一段时间，妈妈发现 3 岁的女儿小雅变了，变得越来越不"听话"了，让她做什么她都不做，每次都用"不"字回应。不过，妈妈好像也找到"对付"女儿的妙招了。

一次，妈妈已经盛好了饭，在饭厅里喊："小雅，来吃饭好吗？"

女儿回答说："不！"

妈妈走到女儿身边，说道："小雅，去吃饭吧！"

女儿仍然说："不！"

妈妈并不生气，她非常有耐心地问："为什么不吃饭呀？"

女儿回答说："不知道！"而且，她还皱着眉，抬头看着妈妈，好像给妈妈"示威"一样。

看女儿这个样子，妈妈就没再说什么，也没有把女儿硬拉到餐桌前，而是一个人回到餐厅吃饭了。

妈妈还没吃几口，小雅就来到饭桌前，自己吃了起来……

成长解码

孩子在两三岁时会进入一个比较"反常"的时期，不管父母对他提出什么样的要求，他都一概说"不"，比如，让他吃东西前要洗手，他会说"不"；让他与邻居阿姨主动打招呼，他会说"不"；让他安静一点，他偏偏故意大声讲话；让他闭上眼睛睡觉，他非得把眼睛瞪得大大的……很多父母都感到头痛："为什么孩子突然会变得这样了呢？"实际上，这些"反常"的现象足以表明，孩子已经进入了自我意识的敏感期。

在孩子出生的最初时期，孩子会对父母，尤其是对母亲非常依恋，因为孩子会觉得自己与别人是一体的。但是随着孩子的不断成长，他很快就会意识到，自己与母亲、父亲和他人是分离的。所以，这段时间，他就会说"不"，会拒绝他人，什么事情都不会痛痛快快地配合，从而证明"自我"的存在。

故事中两个孩子的行为，都是他们在形成或者正在形成"自我意识"时做出的正常反应。孩子的自我意识的敏感期会持续到4岁以后。如果孩子在这段敏感期内，得到正常的发展，他会逐渐不再以自我为中心，最终达到和谐的人生状态。

教育建议

1. 不要强迫孩子做事

在这个时期，孩子的自我意识比较强，会故意向父母展示他的自我。所以，父母越是强迫孩子做，他越不愿意做。因此，在无大碍的情况下，父母应该采取不强迫孩子做事的办法。只有这样，孩子才可能自然而然地做事，就像故事2中的女孩，肚子饿了，她自然就会去吃饭。

2. 学着理解孩子

孩子在自我意识敏感期，做出什么样的抗拒和拒绝行为都是没有理由的。

所以，像故事中，妈妈问孩子"为什么"时，他是答不出理由的。这个阶段的孩子，不是理性的存在者。所以，父母要学着理解孩子，帮孩子顺利地度过这个敏感期。如果父母与孩子针锋相对，孩子会变得越来越不合作。长期下去，生活就会乱成一团，对孩子的成长也是非常不利的。

3. 尊重孩子的意愿

面对不来吃饭的孩子，一位父亲悄悄地对他的妻子说："我们不要再叫他了，他自己一会儿就会过来吃了！"果然，当他们不再频繁地去"请"儿子来吃饭时，儿子很快就自己洗了手，坐在餐桌旁吃饭了。这对父母明白了其中的道理后，不再要求孩子去吃什么，或是"请"孩子去做什么，而是等孩子自己提出要求时，去满足孩子。可见，不与孩子"较劲"，孩子反而会变得"配合"。

当孩子的自我意识刚刚形成时，对待任何事他都有自己的意愿，会按照自己的意识行事。这个时候，父母的呵斥与打骂是不起任何正面作用的。只有尊重孩子的意愿，孩子才会愿意合作。

"这是我的！"孩子变得"自私"了
——家长不要强迫孩子与人分享（2~3岁）

身边故事

故事1

两个3岁左右的小男孩经常在小区里一起玩耍，因为孩子年龄差不多，两个孩子的妈妈又是同事关系，所以大部分时间里，他们相处得很愉快。

一天，两个孩子的妈妈又约好在小区里玩。一个孩子还骑着自行车出来了。他们玩了没多长时间，那个没骑自行车的孩子想骑另一个孩子的自行车。

可是，骑车的小男孩不愿意。开始时，妈妈劝骑车的小男孩，让他把车让给没骑车的孩子，可小男孩根本不听。妈妈感觉很没面子，觉得孩子太过自私，不懂得分享。于是，她就强行抱起她的儿子，让另一个小男孩玩自行车。小男孩当场就大哭起来。而另外一个小男孩则骑着自行车玩了起来……

故事 2

甜甜 2 岁了，妈妈发现她最近添了一个毛病，就是不允许别人碰她的东西。昨天，甜甜的小表姐来家里玩，小表姐看到她的洋娃娃了，就想拿过来玩一下。可是，甜甜马上就把洋娃娃夺过来，还念叨着："这是我的！"

到了吃午饭时间，小表姐去洗手池洗手，洗完手，她就拿毛巾擦手，可刚拿到毛巾，甜甜就在她后面大声说："我的！"

洗完手，小姐俩来到饭桌跟前，小表姐刚想坐上凳子，可甜甜又说："这是我的！"小表姐只好换了一个凳子坐……

成长解码

在自我意识形成的敏感期内，孩子频繁地说"这是我的！"是孩子基本意识发展的重大标志性表现。在这个敏感期内，孩子会通过物质来区分自己和他人，如果是别人随意动了或用了"属于他"的东西，他就产生强烈的不安全感。

与此同时，很多父母会教孩子与人分享自己的东西，比如，把自己的玩具分给小朋友玩或与小朋友一起玩，把自己的零食分给小朋友吃等。但是，家长必须明白，让处于自我意识敏感期的孩子与别人分享他的东西是非常困难的。

所以，父母要给予孩子充分的理解，在不违反原则的情况下，尽量顺从孩子的意愿，这样才能让孩子自由地成长。

教育建议

1. 不要以成人的想法看孩子

父母想让孩子学会与人分享的想法是好的，但处在自我意识敏感期的孩子和成人对分享的认识并不一样。比如，成人认为分享玩具，可以得到更多的资源，才能有更多的朋友。而孩子，却想不了那么多，孩子主要看对象、看自己当时的情绪，来决定是否与他人分享。因此，家长以成人社会的道德观评价孩子，对孩子是不公平的，也是不科学的。建议家长顺其自然，因为随着孩子年龄的增长，孩子自然会形成"分享"的概念。

2. 不要强迫孩子分享

当孩子不愿意与人分享的时候，父母不应该强迫孩子去分享。就像故事2中的那位妈妈，她粗暴地让儿子把自行车"分享"给另外一个男孩。在一般人看来，可能会感觉这位妈妈很不错，不娇惯孩子，很替别的孩子着想，即使自己的孩子哭闹不止也在所不惜。其实，这样做是非常不妥的，这是强迫孩子分享，干涉了孩子的自由。

父母强制孩子把属于自己的物品分给别人，会让孩子没有安全感，会导致孩子的自我意识得不到健全的发展，还有可能让孩子的性格变得懦弱。当一个人的正当权益常常受到他人侵犯时，是很难让自己变强大的。所以，强迫孩子分享是对孩子的一种伤害。

另外，当孩子被强制分享时，他可能也会产生这样的想法：我的东西被强制分给别人了，那么我也可以强行得到别人的东西。

其实，孩子到 5 岁左右时，他自然而然地愿意与人分享，这是一种成长规律。因为，在那个时候，他的心理已经发展到另外一个层面。当孩子六七岁时，他就开始真正体会分享的乐趣，分享就会变成一件快乐的事，从而形成孩子的良好品质。

可见，强迫孩子将自己的东西分享给他人，并不适用于 5 岁以下的孩子。

3. 把分享的权利还给孩子

有的父母会有这样的想法：自己的孩子拒绝分享，让做家长的很没面子，自己的孩子太小气，实在是给自己丢了脸；这样的孩子，太不懂事了，为什么人家的孩子都那么大方呢？

其实，那些父母认为不合适的表现，在其他孩子身上是普遍存在的，是与孩子的年龄特征相符的。父母应该尊重孩子的意愿，把分享的权利还给孩子。只有这样，孩子的自我意识、性格以及人格才会得到健全的发展，他的心灵才能强大起来。

孩子的占有欲增强，竟然"偷东西"
——家长慎用惩罚的方式教育孩子（3~4岁）

身边故事

故事 1

最近一段时间，妈妈发现3岁半的儿子到小朋友家玩时，会偷偷地把他喜欢的一些小玩意儿、小玩具装在口袋里带回家里来。而且，妈妈问他时，他还不说实话。

妈妈有些担心，不知道该怎样应对孩子的行为。

这位妈妈说："我担心如果不采取一些措施，他会养成偷窃和说谎的坏习惯，但我又不知道该如何去引导他。"

故事 2

一天下午，快4岁的贝贝从幼儿园回到家，从书包里掏出一个小玩具车。妈妈看到就问："玩具车是哪儿来的？"

贝贝怯怯地回答说："是老师给的。"妈妈想，如果是老师给的，贝贝就不会这么怯怯地回答了。不过，她并没有训斥孩子。

晚上快睡觉时，贝贝对妈妈说："妈妈，我逗你玩呢！小车是晨晨的，我明天还给他。"

妈妈问："晨晨知道你拿他的小车了吗？"

贝贝低着头说："不知道。"

妈妈蹲下来，认真地对贝贝说："拿别人的东西一定要得到人家的同意，明白吗？"

贝贝用力点了点头。

成长解码

孩子会因为好奇心或占有欲而出现"偷窃"行为，他会从别人那里"偷拿"东西，比如，会把别的小朋友的玩具偷偷带回家，会把别的小朋友的某件物品藏起来，然后他自己玩耍。有些孩子可能还会为这样的行为撒谎。

其实，这并不是孩子恶意地去侵犯别人的财产，而是他在自我意识敏感期的一种正常表现，只是他觉得自己喜欢就拿了。对此，父母不必紧张，也不要上升到道德高度，更要慎用"严加管教"的方式。父母应该学习故事2中的妈妈，对孩子进行耐心引导。当然，引导孩子有很多种方法，只要父母善于学习和总结，就一定能让孩子顺利度过这个敏感期。

教育建议

1. 告诉孩子，别人的物品不容侵犯

很多父母发现自己的孩子有"偷窃"的行为后，感到非常紧张，会非常严厉地警告孩子。其实，这样做是不妥的。孩子之所以会"偷拿"别的小朋友的物品，只是因为孩子对他人物品的归属感还不是很明确或很强烈。

在这种情形下，父母可以耐心地告知孩子："别人的东西不可以拿，更不能带回家。""拿别人的东西要征得别人的同意。""你的物品不允许别人拿，所以你也不能拿别人的东西。"这样，孩子就会明白，别人的物品是不容侵犯的。

2. 慎用惩罚的方式教育孩子

对于孩子的所谓"偷窃"行为，只要给孩子讲清道理就可以了，完全不必大动肝火去惩罚孩子、打骂孩子。其实，在孩子的观念中，并没有"偷窃"的概念。如果父母因此而惩罚孩子的话，就会大大打击孩子的自尊心。

3. 不要上升到道德的高度

孩子"偷拿"了别人的东西后，父母不要对孩子进行所谓的道德教育，因为这并不代表孩子的道德品质出现了问题。只要让孩子把东西还给别人就可以了。

当孩子把东西还给别人时，最好对他还东西的行为表示赞赏。这样，孩子就不再拿别人的东西了。

4. 对孩子的这种行为不必太重视

如果父母过于重视这件事，孩子就会感受到父母的重视，他可能为了引起父母的注意，而强化"偷窃"的行为。所以，父母对孩子的"偷窃"行为要淡化，不要太过重视。

一辆遥控车仅换来一颗小糖豆
——交换、支配物品拉开孩子人际关系的大幕（3~5岁）

身边故事

故事1

3岁半的儿子从幼儿园回来了，手里捏着一颗巧克力豆，兴奋地对妈妈说："妈妈，你看，巧克力豆，可香了！"

妈妈问道："哪儿来的？"

"换的！"儿子还是一脸的兴奋。

"换的？用什么换的？跟谁换的？"妈妈接着追问。

"用小汽车换的，跟小朋友换的。"儿子得意扬扬地说。

听儿子这么说，妈妈才发现孩子的小汽车没有带回来，于是她就生气了："你太傻了，那个小汽车多贵啊，还是刚买的。这破巧克力豆值几个钱？"

儿子一听，兴奋劲儿马上没了，委屈地哭了起来……

故事2

4岁的牛牛正在跟同班的小朋友民民抢一个玩具。老师看到了，就走过去问："怎么了，牛牛？"

牛牛说："他拿我的机器猫，不还给我。"

民民争辩说："不是，是你跟我换的！"

牛牛说："可你的卡片丢了啊！"

老师让民民把事情说明白。

民民说："昨天我用5张卡片换了他的机器猫。"

牛牛很着急地说："可你的卡片搞丢了，我要我的机器猫。"

老师问牛牛："是谁把卡片弄丢的？"

牛牛说："我弄丢的！"

牛牛低下头，不再争了，自己离开了……

成长解码

　　三四岁的孩子拿自己的物品同别人交换的行为，表明他正在拉开自己人际关系的大幕。也就是说，孩子已经进入了人际关系敏感期。最初，孩子通过给其他小朋友零食来换取人际关系。但很快他就会发现，零食吃完后，刚刚换来的人际关系就消失了。于是，他进一步总结后发现，玩具能够赢得更多小朋友的喜爱。于是，他就开始送给小朋友玩具或与小朋友交换玩具，以此来赢得友谊。

　　但是，孩子之间的物品交换常常是"不等价"的交换。比如，用一颗巧克力豆换一个电子玩具车等。家长习惯以成人的得失标准看待问题，会认为交换的物品不等价，担心自己的孩子吃亏。但是孩子通过交换而学到的东西远比失去的多。所以，父母要尽可能保护好孩子之间的这种交换关系，直到他顺利度过敏感期。

教育建议

1. 对孩子的行为不要责备

　　当父母发现孩子做的是"不等价交换"时也不要责备孩子。如果父母因此而批评他，说他傻的话，孩子就会认为自己很傻。

　　孩子在与别人进行交换时，都会有自己的标准。如果是孩子喜欢，他们就会认为是"等价"的。可见，孩子的价值观和成人的不同。所以父母不要责备孩子，最好也不要干涉孩子的交换行为。

2. 引导孩子学会交换后不后悔

　　有时候，孩子与别的小朋友交换了东西后会感到后悔，于是就想再要回来。就像故事2中的牛牛一样，他把交换来的东西弄丢了，就想把已经换出去的东西拿回来。在这样的情况下，父母一定要引导孩子，交换后就不要再后悔。让孩子知道，已经交换出去的物品就属于人家了，以后再交换的时候要考虑清楚，一旦交换了，就不要反悔。这样，孩子就会明白，通过交换，物品已经有了新的主人，他也就懂得遵守交换的规则了。

3. 鼓励孩子的交换或赠送行为

交换是孩子人际关系敏感期的重要表现，孩子不会交换反而不正常。父母应该鼓励孩子的交换行为。交换或赠送，也是孩子人际交往和得到物品的方法之一。所以，父母在平时可以给孩子一些玩具或食品，从而让孩子拥有交换或赠送的条件。

"为什么小表妹没有长小鸡鸡？"
——孩子的某些奇怪行为与"性"无关（4~5岁）

身边故事

故事1

4岁2个月大的林浩和小表妹在一片空地上玩耍。不一会儿，林浩发现小表妹蹲在一边尿尿，他就好奇地跑过去，歪着头看小表妹的私处，然后他非常疑惑地问小表妹："你怎么没有长小鸡鸡呢？"小表妹自己也很纳闷，不知道该说什么。

于是，林浩拉着小表妹去找妈妈，当时妈妈正与一些朋友聊天，他就大声问："妈妈，为什么小表妹没有长小鸡鸡呢？"这个问题一出来，妈妈就感到非常尴尬，不知道怎么回答。于是，她就非常生气地把儿子拉到了一边，指着他的鼻子说："以后不要当着这么多人的面问这样的问题，怎么就不学点好呢？"

故事2

儿子已经4岁半了，最近妈妈发现他开始对自己和别人的身体非常感兴趣。前几天，妈妈在给儿子讲百科知识的时候，他总是让妈妈讲"人体百科"知识。当妈妈讲的时候，儿子听得特别仔细，就怕漏听了某句话。

他们看的这本百科书是配插图的，其中一幅图为胎儿在妈妈肚子里的样子，当妈妈讲到这里的时候，儿子总是问宝宝是从哪里钻到妈妈肚子里的、妈妈是从哪里把宝宝生下来的。

妈妈不知如何给孩子讲，只好说："等你长大就知道了。"

故事3

娜娜4岁了，当爸爸上卫生间的时候，她总是跟在后面。

有一次，爸爸上卫生间没关门，女儿就溜了进去，吓了爸爸一跳。

从此以后，爸爸每次上厕所就更背着娜娜了，可越是这样，娜娜就越好奇，总是想进到厕所里一探究竟。

成长解码

孩子在4~5岁这个年龄段，会产生性别的观念。他就会发现男性与女性有很多区别。比如，女性一般是长发，男性一般是短发；女性可以穿裙子，而男性则不穿……而且还对人的身体比较感兴趣，他会观察身体，然后就会发现自己的身体与成人的身体是不一样的，男人的身体与女人的身体也是不一样的。他会对异性的身体比较好奇，尤其会对身体的私密部位比较好奇……这一切都表明，孩子已经进入了性别敏感期。

父母要尽可能满足孩子的这种好奇心理，如果孩子的这种好奇心理被压抑或没有得到满足，他很可能会对自己或他人的身体表现出持续不断的兴趣来，而这种兴趣很难被转移。当孩子到青春期时，他的这种被压抑的好奇和欲望就会爆发出来，就会变得容易冲动、叛逆，从而做出一些难以预见后果的错误行为来。

教育建议

1. 教孩子认识身体部位名称

不管是男孩还是女孩，在某个时间段都会对自己的身体感兴趣，产生好奇，很想了解每一个部位的名称，有什么用途，结构是怎样的，自己的身体与别人的身体有哪些是一样的，哪些是不一样的，等等。父母应该利用这个机会把身体各个部位的名称教给孩子，让他在大脑中有个初步的概念。然后，再循序渐进地在名称中加入更多的内容，让孩子更进一步地认识人体。

2. 要用科学的方式向孩子解释

当孩子问有关身体部位的问题时，父母应该用科学的方式向孩子讲述。就像故事1中的男孩，他问这样的问题非常正常，而妈妈却因为不了解孩子性别敏感期的特点，做出了非常不妥的反应。其实，孩子只是对男性和女性私处的不同感到好奇而已，并没有什么不良的想法，在孩子的眼中，那些地方与耳朵、鼻子是一样的。

如果这个时候，父母能用科学的方式向孩子解释一下，孩子心中的疑问就解决了，他对私处的差异就不再感兴趣了。但是，如果父母吞吞吐吐、遮遮掩掩，甚至是像上面的那位妈妈一样"狂风大作"的话，只能让孩子越来越好奇。

3. 以坦然的态度面对孩子

孩子对自己的身体和异性的身体感兴趣，在这个年龄段是再正常不过的事情。这时，父母需要以坦然的态度来面对孩子。

一个4岁的男孩对自己和他人的身体产生了极大的兴趣，不管是谁去洗澡，他都要偷看。妈妈知道，儿子的性别敏感期到了，就跟先生商量了一下，并达成了共识：无论谁洗澡，都不要关门，而且还要给儿子准备一个小凳子让他观看的时候可以坐下。两个星期后，孩子再也不愿看大人洗澡了。妈妈知道，儿子对此已经失去了兴趣。

其实，如果父母都能以这种坦然的态度来面对这个时期的孩子的话，那孩子的性别敏感期很快就会过去。

4. 孩子的行为与"性"无关

这个年龄段的孩子会对人的生殖器感兴趣，还会对妈妈的乳房感兴趣，这都是孩子在性别敏感期的正常表现，这种行为与"性"无关。即使孩子伸手去摸妈妈的乳房，也不涉及性的意识与道德感，孩子只是在认识身体，在客观地认识世界，他的行为没有任何感情色彩。

5. 孩子对异性小朋友有好感很正常

孩子在性别敏感期时，会对异性小朋友很好，在与小朋友交往的过程中表现得很明显。其实，这也是孩子心理发展过程中的一种正常表现。父母不要误解了孩子的行为，不要嘲笑他，更不能把孩子当成"小色狼"。否则，孩子就会不知所措，心理发展就会陷入混乱状态，会严重影响孩子的自然成长。

"我是从哪里来的？"一个孩子必问的问题
——家长要有技巧地向孩子解释（4~5岁）

身边故事

故事 1

最近几天，4岁半的峰峰老是追着妈妈问："妈妈，我是从哪里来的呀？"

妈妈感觉这个问题很难回答，所以就搪塞他说："你以后就知道了！"

可是，峰峰对妈妈的回答不买账，还是追着妈妈一遍一遍地问。问得多了，妈妈就烦了，于是就撂下一句话："你是从石头缝里蹦出来的！"

峰峰挠挠头，对妈妈的说法表示怀疑……

故事 2

小伟已经4岁了，平时在幼儿园可活泼了。可是这两天，老师发现小伟非常不开心，总是一个人躲在一个小角落里。老师猜想，小伟一定有心事了。

于是，老师就走过去问他："小伟，你怎么不高兴呀？有什么事情吗？"

老师一边问，一边把小伟搂在了怀里。这下，小伟竟然委屈地哭了起来……

等他稍微平复了心情后，他才难过地说："妈妈不要我了！"

老师感到很奇怪，连忙问："为什么呀？"

小伟说："妈妈说我是从垃圾堆里捡来的，我怕她把我再丢到垃圾堆里去！"

……

成长解码

几乎在性别敏感期的同一时期，孩子会对人是从哪里来的非常感兴趣，他会不停地追问父母："我是从哪里来的？""你是从哪里来的？"当孩子问这样的问题时，就表明孩子已经进入了出生敏感期。当然，这个问题也会令父母非常尴尬与无奈，因为父母不知道该怎样回答孩子。于是，就会将这类的问题搪塞过去，就像故事1和故事2中的妈妈，一个说孩子是"从石头缝里蹦出来的"，另一个说孩子是"从垃圾堆里捡来的"。当然，在生活中，还有的妈妈说孩子是"从妈妈的胳肢窝里生出来的""从土里刨出来的"等。

这样的回答让孩子百思不得其解，会让孩子有强烈的不安全感，甚至会给孩子造成心灵的伤害，就像故事2中的那个孩子，听了妈妈的回答，非常担心自己被父母抛弃。对于这个问题，父母需要认真对待。这关系着孩子是否感到安全、能否感到幸福的问题，并将决定孩子是否能够顺利度过这个敏感期。

教育建议

1. 千万不要欺骗孩子

面对孩子"我从哪里来"的问题，很多父母都会感到尴尬，甚至觉得难以启齿，想逃避这个问题。之所以会这样，是因为父母把这个问题与"性"联系到了一起。很多父母为了避免让孩子过早地了解到"性"，就会用各种方法来敷衍孩子。

父母应该坚持这样一个原则：千万不要欺骗孩子，要以正确的心态去面对孩子，要以正确的方式回答孩子提出的各种问题。

2. 用一定的技巧向孩子讲述

父母应该从科学的角度，用科学的语言，把这件事给孩子解释清楚。

一位妈妈是这样给孩子讲述的。

妈妈肚子里有一颗种子，叫卵子，它长大后很孤单，于是爸爸就给它送来了一个伴，叫精子。精子和卵子在一起很高兴，它们决定找个家。它们找啊找啊，最后终于在妈妈的肚子里找到了一个叫"子宫"的地方，那里很温暖。

它们快乐地成长，慢慢地，它们变成了一个有头、有小手、有小脚、有身子的小天使。这个小天使在妈妈的肚子里待了10个月。突然有一天，它发现妈妈的肚子里很挤，于是，它就从妈妈的肚子里跑出来了，来到了我们家。

那个小天使就是你！

对于孩子来说，这样的故事很有意思，也有科学性，因为它让孩子明白了自己是从妈妈的肚子里来的，而且与爸爸也有某种联系，这样就会带给他强烈的安全感。

3. 让孩子阅读百科全书

有的父母担心，如果孩子继续追问"我是怎样从妈妈肚子里出来的"该怎么办呢？

这时候，父母可以给孩子看百科全书。并加以指点，孩子自然会明白是怎么回事。

4. 借机让孩子了解真相

有的妈妈不是自然分娩而是剖腹产，会在身体上留下疤痕。如果孩子问这样的问题，就可以让孩子看母亲肚子上的疤痕，然后告诉他："你就是从这里出来的。"一位妈妈就是这样告诉孩子的，而且还给他讲了一些细节，孩子听了以后非常感动，流着泪对妈妈说："妈妈一定很痛，我会学乖，不让妈妈生气。"从那以后，孩子真的变懂事了。

孩子变得挑剔、要求完美
——尽量满足孩子的要求（2~4岁）

身边 故 事

故事 1

幼儿园下午加餐时，老师为孩子们分面包。2岁7个月大的小严突然大哭起来："我不要这个！我不要这个！"

老师回头一看，原来小严手里的面包缺了一点，于是赶紧给他换了一个完整的面包。接到新面包后，小严立即不哭了，大口大口地吃了起来……

故事 2

最近，妈妈发现4岁的儿子好像变了一个人似的，因为他对自己的要求越来越高了。比如，以前儿子画画时，并不那么较真，可现在如果他觉得自己哪里画得不好，就会把这张画扔掉，重新再画。哪怕这张画已经非常不错了，只是最后一笔落得不太恰当，他也会毫不犹豫地把整幅画扔掉。

故事 3

早上，4岁的儿子穿好衣服后，要下床穿鞋子。他一低头，发现鞋子旁边有一摊水。原来，那是妈妈不小心弄洒的，还没有来得及拖干。看到那摊水，儿子说什么也不下床穿鞋子，说地上有水。

妈妈说："你先穿上鞋，妈妈马上就拖地。"可是儿子就是不肯，妈妈只好拿拖布把那摊水拖了，孩子才乖乖地把鞋穿上。

成长解码

追求完美是人的天性，当然也是孩子的天性。完美会给孩子带来精神上的愉悦。相反，如果某种事物或环境是不完美的，比如，被掰开的饼干、衣服上的脏点等，孩子心里就会感到非常不舒服。大一些的孩子，还会把注意力扩展到周围的事物上。比如，穿的衣服不能少一个纽扣，喝水的杯子不能有豁口，玩的东西不能是坏的等。

其实这一切也表明，孩子的精神世界正在走向丰富与更深的层次。这个时期，他会对事物及周围的环境比较挑剔，对自己做事的要求也会比较高。比如，当孩子对自己的一张画不满意时，他就会重新再画一张；如果凳子上有一滴水，他就不会去坐……这些都是孩子在审美敏感期的正常表现，家长不要认为孩子只是单纯的任性。

虽然很多不完美的东西在成人看来并没有什么，甚至还感觉有些美学特征，比如，残缺的美。但是在孩子眼里，它就是不完美的。为了让孩子尽可能早地度过这个敏感期，父母应该尽量去满足孩子的要求。

教育建议

1. 不要认为孩子任性、自私

父母应该理解孩子细腻的心，认真对待孩子的要求，不要认为孩子是任性和自私的。孩子已经进入了审美敏感期，对周围的事物有自己的要求。在孩子看来，那些不完整或不完美的东西是无法接受的，父母应该尽量给孩子提供完整的、完美的东西，不让他的情绪受影响。

2. 要适时地去表扬孩子

孩子在某个时间段会特别追求完美，是很正常的。但是，因为孩子自身的能力有限，想把事情做得完美无缺比较困难。这时候，孩子的内心就会非常焦虑、非常痛苦，甚至会怀疑自己的能力，会产生一些消极的想法，如"我很笨""我很差"等。

这时候，父母就应该适度地表扬孩子。比如在故事2中，如果父母发现孩子换了一张新纸后仍旧"画不好"，就可以说："我看不错，你看，这条线画得很到位，那个点落得位置多正啊……"这样一来，孩子就会建立信心，从而以更好的心态去做事。

3. 给孩子一个"参照物"

孩子心中有一个"完美"的标准，这个标准如果没有"参照物"的话，他常常就会用"至善至美"来衡量自己。前面已经提到，孩子会因为能力所限，达不到"完美"而内心痛苦。如果这时候，父母能够给孩子一个"参照物"，比如，父母可以这样说："你画的比爸爸（妈妈）强多了，爸爸（妈妈）像你这么大的时候，还不会画呢！"当孩子听到父母这么说，就相当于为自己找到了一个"完美"标准的"参照物"。这样，他衡量"完美"的标准就会降低，从而就不会沉浸在过分完美的泥潭中不能自拔了。

臭美，爱照镜子，挑衣服穿
——孩子对自我产生审美要求（3~4岁）

身 边 故 事

故事 1

春天，小草才刚冒出个绿头，3岁半的萍萍就穿上了一条夏天才能穿的裙子上幼儿园了，不过里面套了毛衣、毛裤。

萍萍见到老师后，就打了一声招呼，然后就眼巴巴地望着老师。老师从萍萍的眼神中读出了一种期待，于是就开始欣赏她的裙子，然后说道："呀，萍萍的裙子真漂亮！"

听到老师这么说，萍萍很高兴，还用手摸了摸裙子。

户外活动时间到了，萍萍跑了出去，她拉着一个小朋友的手说："你看我的裙子漂亮吗？"那个小朋友说："漂亮！"萍萍高兴得乐开了花。

突然起风了，风把萍萍的裙摆吹得贴在了身上，她赶紧用手把裙子从身上拉开，但一松手，裙摆又被吹了回来。虽然她努力了好几次，但裙子还是往身上贴，没办法，萍萍只好匆匆地回到了教室。

故事2

雪芬快满4岁了。最近妈妈发现雪芬每天早上都在洗手池的镜子前站好长时间。原来，雪芬是在很"用心"地照镜子，她一会儿对着镜子摸摸头上的蝴蝶结，一会儿又摸摸衣服，还不时地把脸往前倾，好像在看脸上是否有脏东西……

雪芬有时能在镜子前面站上10多分钟呢！妈妈想，要是不催雪芬去幼儿园，她一定会在那里照上半个小时。

故事3

最近，4岁的小美老是偷偷观察妈妈化妆。星期六上午，爸爸外出办事了，妈妈在洗澡，小美并没有因为妈妈和爸爸不能陪她而感到孤单，她反而很高兴。她坐在妈妈的梳妆台开始涂脂抹粉。

很显然，她已经偷偷地学了一些化妆要领，因为她是按照一定顺序化的。她会先把小手洗干净，然后抹油、擦粉、涂眉毛、画唇线、涂口红、用棉签擦去画到线外的口红、用纸巾粘去多余的口红、打胭脂。然后，她再把头发梳理好。

当这些程序都做完后，她还会在镜子面前站一会儿，把镜子里的自己好好地欣赏一番……

成长解码

在审美敏感期中，孩子突然会产生一种很强烈的追求自身美的欲望。比如，小女孩会对化妆品非常感兴趣，即使不会用，也要乱涂一气。另外，就是对穿衣打扮非常感兴趣，甚至会在大冬天穿裙子。

孩子的审美敏感期实际上是呈螺旋式发展的。从吃东西时要求食物、器具等必须完整，到自身形象的审美，最后到对环境、内在气质、外在氛围甚至是艺术品的审美等。这种审美的过程会让孩子变得大方典雅，会帮助孩子形成良好的气质与个人素养。父母要重视孩子的审美，尽可能地给他提供好的条件，如经常带孩子看画展或博物馆的艺术品等。

教育建议

1. 不要让孩子产生错误的审美观

故事 3 中那个偷偷用妈妈的化妆品的孩子，因为年龄小，把脸画得很难看，也把妈妈的化妆品搞得乱七八糟。妈妈看到后，打了孩子，还说："看你这个样子，跟个小妖精似的！"

当天冷的时候，妈妈要给孩子抹点润肤油，可女儿却说："妈妈，我不抹，我不想当小妖精……"从此以后，她坚决不再用润肤油了，还认为所有化妆的人都是妖精。

进入了审美敏感期的孩子，都会很爱美，也许他们的方式在大人眼中是不对的，也许因为孩子的误操作，会毁掉妈妈昂贵的化妆品或是漂亮的衣服和鞋子，但是爱美是孩子成长过程中的自然表现，家长不要嘲笑孩子，更不要因为损坏的物品而打骂孩子。如果因此而破坏了孩子的审美心理，就可能会让孩子产生错误的审美观，从而认为爱美是不对的。

2. 给孩子审美的自由

4 岁左右的孩子，尤其是女孩，会对妈妈的物品很感兴趣。她开始关注自己的仪容仪表，她会用妈妈的物品为自己的相貌"添砖加瓦"，以满足自己的审美心理。此时建议家长，无论孩子把化妆品涂抹在脸上是美是丑，都应该尽量给孩子自由，并且提出中肯的建议，以便孩子能够顺利度过审美敏感期。

"我要嫁给爸爸" "我要娶妈妈当老婆"

——孩子婚姻意识的萌芽（4~6岁）

身边故事

故事1

一天，4岁的楠楠跟大表姐上街去玩。在一家婚纱摄影店的门前，楠楠停下来，她瞅着店里面陈列的各种婚纱，说："姐姐，那些带纱的裙子很漂亮！"

大表姐说："那是婚纱！新娘子穿的。你喜欢吗？"

楠楠说："喜欢，我马上也要穿婚纱了！"

大表姐笑了："你跟谁结婚呀？"

"跟爸爸结婚呀！"楠楠眯着小脸看着大表姐说。

大表姐说："可是，你妈妈已经跟你爸爸结婚了呀！"

"我就喜欢爸爸，我就跟爸爸结婚！"楠楠一点也不"示弱"。

大表姐笑了笑，没再接着说……

故事2

一天上午，4岁的小光对老师说："老师，你能嫁给我吗？"

老师笑着说："老师不能嫁给你。"

小光很失望："为什么呀？"

老师说："我已经有男朋友了啊！"

小光问："那你爱他吗？"

老师说："当然了，我很爱他。"

小光更难过了。

老师接着说："你从和你差不多大的小朋友里面找找看啊，一定会找到好伙伴的。"

小光好像听懂了。

接下来的几天，老师就发现小光已经找到了他的"白雪公主"，他和婷婷老是在一起玩，形影不离呢！

成长解码

孩子在 4 岁左右就进入了婚姻敏感期的最初阶段，会对父母产生强烈的好感，会出现女儿想要嫁给爸爸或是儿子想要娶妈妈，甚至女孩有可能想和妈妈结婚等想法。也许，有的父母会认为孩子无厘头，一笑了之。但是，这一切是孩子对人类的情感世界进行探索的开始。

随着时间推移，孩子会渐渐地意识到，爸爸妈妈虽然很好，但他们和自己不一样。因为爸爸妈妈是大人，而自己是孩子。当孩子有这种认识的时候，他可能就会在同龄的小朋友中间选择"爱人"。

实际上，结婚对于处在婚姻敏感期的孩子来说，只是他表达喜爱的一种方式。家长不要嘲笑孩子，可以借机给孩子建立正确的婚姻观念，让孩子明白婚姻的基本要素。

教育建议

1. 要平等地与孩子交流

在婚姻敏感期，孩子已经对自我、性别、异性有了最初的感觉。所以，他会对结婚这个问题感兴趣。父母对此不要惊讶，也不要以为孩子早熟，一定要耐心地、平等地、科学地与孩子交流。

2. 不要嘲笑孩子

当父母发现自己的孩子喜欢某个成人，并想跟那个人结婚的时候，一定不要嘲笑孩子的想法或行为是幼稚的，也不要在公开场合揭露孩子的"婚姻"，否则，就会给孩子带来心理负担，影响孩子心理的健康发展，甚至会严重影响孩子未来的爱情观和婚姻观。

3. 帮孩子建立婚姻观

面对处于婚姻敏感期的孩子，父母应帮助孩子建立正确的婚姻观。让孩子了解男女结婚，双方必须到达法定年龄并且没有血缘关系，而且需要建立在互相喜爱和信任的基础上。还要让孩子知道，结婚是需要认真思考并且双方都能达成共识的一件大事，不是单方喜欢就可以的。

当然，建立完整的婚姻观需要很长的时间，因为它十分复杂，有些人可能一生都很难建立起这个观念。所以，父母对于孩子的要求也不要太高，只要他明白婚姻的一些基本要素就可以了。

"爱"上异性小伙伴
——要珍惜与呵护孩子的情感表达（4~6岁）

身边故事

故事1

最近，5岁的帅帅好像"爱"上了莹莹。

一天，帅帅穿着漂亮的新衣服，手里拿着一大包威化饼干进了幼儿园。走进教室后，他就来到小女孩莹莹的身边，对她说："我刚从家里带来的威化饼干，给你吃吧！"

帅帅本以为莹莹会非常高兴地接过去，可让他没有想到的是，莹莹一点都不领情，不但没有接帅帅的饼干，还说："我不爱吃威化饼干，我们家有好多呢，我都不吃。"

这下，帅帅感到很痛苦，于是他找到老师说："老师，我失恋了。"

老师说："你喜欢吃威化饼干，莹莹不一定喜欢，你应该问问她喜欢什么。"

故事2

5岁的男孩晓海跑到老师面前说："老师，我想和苗苗（5岁的女孩）结婚，我想请你给我们举行婚礼。"

老师问："苗苗喜欢你吗？"

晓海连忙回答说："喜欢！"

"婚礼"过后，他们就用几把椅子和桌子围了一片空地当作他们的家。晓海很认真地说："老婆，我要上班去了，你好好看家。"苗苗也很认真地回应："好的，老公。你早点回家，家里没菜了，你带点回来呀！"

就这样，这对"小夫妻"在幼儿园里快乐地生活着。现在他们已经成了最好的朋友，当然，他们已经对结婚的游戏不感兴趣了。

成长解码

当孩子再稍微大一点时，也就是在上幼儿园中班阶段，孩子可能会"爱"上同龄的小朋友，并且会向那个小朋友表达好感。这时，他还会动用一点小策略，比如，遇到事情会与他喜欢的小朋友站在一起，会把零食让给小朋友吃等，以此获得人家的喜爱。

故事1中的老师让孩子明白，人与人的想法是不一样的，如果想和别人做好朋友，就一定要尊重对方，并且要先了解对方。因此，正确的引导对孩子来说是非常重要的。

从故事2中可以看出，孩子"结婚"只是一种游戏，一旦他们对这种游戏失去兴趣，"婚姻"也就终止了。

一般来说，孩子到6岁时，婚姻敏感期就过去了，这时他就会发现，结婚会让人感到有点害羞，但在这之前，他是没有这种感觉的。当然，此时孩子已经形成了基本的婚姻概念，对婚姻和人际关系也达到了良好的认知状态。

教育建议

1. 不拿孩子的情感开玩笑

当父母发现自己的孩子要和别的小朋友"结婚"时，不要拿这件事开玩笑，更不要在亲戚朋友面前大谈孩子的"恋情"，要尊重孩子的隐私，以免孩子在婚姻敏感期遇到障碍，影响他建立正确的婚姻观。

2. 认真对待孩子的婚姻敏感期

父母要认真对待孩子的婚姻敏感期，即使孩子对婚姻的看法不成熟，或只是以游戏的方式来对待恋爱。在这个时期，孩子所接受的恋爱观和婚姻观，是他未来对待感情的基础，家长要尽量以身作则，通过潜移默化的方式来影响孩子。

3. 不要刻意去限制孩子

孩子在婚姻敏感期内"爱"上同龄的小伙伴，是一种珍贵的情感表达，父母完全不用限制孩子内心的情感。

另外，当孩子通过电视或周围的环境，看到成人手拉手、拥抱、接吻时，父母也不要刻意挡住孩子的视线，不允许孩子看。因为越是这样，孩子就越好奇，就越想弄明白是怎么回事。此时教育孩子的正确方法是，父母平静地告诉孩子，这些都是成人表达喜欢和爱的一种方式，等他长大后，也可以这样去表达。这样，孩子就会觉得这些事很正常，也会对如何表达情感有了良好的认识。

"我要当超人""我是白雪公主"，孩子开始崇拜偶像

——崇拜偶像可以帮助孩子塑造自我，改掉坏习惯（4~5岁）

身边故事

故事1

这段时间，妈妈发现4岁半的女儿特别爱看《白雪公主》的DVD，看完之后，女儿就会把纱巾披在头上当成披风，有时候她还会把上衣的领子竖起来，因为白雪公主的衣服领子就是这样的。

除了模仿白雪公主的打扮，她还模仿白雪公主的动作和语言呢！女儿原来说话很快，不给别人留回应的时间。可现在，女儿走路很轻柔，举止也很优雅，对人非常有礼貌，就连说话的口气都柔和了很多！

女儿的这种情形持续了大约半年的时间，妈妈明显感觉，在白雪公主潜移默化的影响下，女儿变得友善了……

故事2

最近，4岁的儿子彻底迷上了奥特曼，每天都会穿带奥特曼图案的上衣去幼儿园，即使那件衣服洗了还未干，他也一定要穿。没办法，妈妈只好又给他买了一件同样的上衣。

有时候全家人在一起吃饭，儿子会突然说："妈妈，好像有个怪兽在屋里，我要去打怪兽。"

儿子吃饭的时候，只吃肉，不吃青菜。而且，他还振振有词："奥特曼因为吃肉，

才有力量去打怪兽。"妈妈怎么劝他，他也不吃。

于是，妈妈就指着一盘菠菜说："你知道吗？那些大力士都喜欢吃菠菜，你还记得爱吃菠菜的那个大力水手吗？奥特曼很可能也是靠吃菠菜来增长力量的。"

听妈妈这么一说，儿子立即吃了一大口菠菜，但好像感觉不太好吃，就皱了一下眉头，妈妈接着说："菠菜里面含有很多能量，奥特曼吃了才能有神力打败怪兽。"这下，儿子又吃了起来，还说："奥特曼吃的菠菜也是这个味！"

成长解码

已经是父母的我们，小时候是不是非常崇拜霹雳贝贝、小龙人、郭靖、葫芦娃、孙悟空、一休、花仙子、忍者神龟、圣斗士、希瑞、布雷斯塔警长呢？是否也曾激动地模仿偶像的动作呢？每个人在成长的过程中都会经历这个特殊的时期——身份确认敏感期。

四五岁的孩子正在逐步给自己定位，他在建立一个关于自己内心的形象，也就是"我是谁"。这时候，动画片或书籍里的人物形象满足了孩子内心的这种需求。孩子会将自己想象成他内心理想中的人物，通过偶像来确认自己、构建自我。父母应该允许孩子尽情地去模仿，给孩子做梦的权利。因为在模仿的过程中，孩子可以为自己性格的形成积蓄力量，从而可以让自我形象变得更强大。当孩子的心理需求得到满足后，他就会放弃模仿行为，走出幻想的世界。这个时候，就表明孩子已经顺利度过了身份确认敏感期。

当孩子的身份确认敏感期过去后，当父母再称呼他为"孙悟空""奥特曼"等，他可能会不高兴，他会说："我就是我。"

教育建议

1. 尊重孩子的身份认知

一位妈妈看到自己4岁多的儿子每天都模仿孙悟空的一言一行，不分场合，不分地点，就为孩子建立了"正确的观念"——这个世界上没有妖怪，你也不是孙悟空！刚开始跟儿子说时，他没有在意。可是，后来几天，儿子听到这样的话竟然委屈地哭了，把"金箍棒"也扔了。从那以后，他再也不把自己当孙悟空了，情绪变得很低落。

这位妈妈的做法导致孩子的身份确认敏感期过早地结束，孩子没能通过偶像得到充分的身份认知，还因为心理需求没有得到满足而情绪低落。作为父母，应该理解孩子，给他自由，支持他的模仿行为。当孩子的这一敏感期过去后，这种模仿行为会自然消失。

2. 配合孩子的模仿行为

父母应该配合孩子的模仿行为。比如，孩子模仿孙悟空的时候，父母就可以模仿师父。要吃饭的时候，父母就可以这样对孩子说："悟空，我是师父，来吃饭了。"这样，孩子就会高高兴兴地来吃饭。如果父母能够配合孩子的模仿行为，孩子就会很容易度过身份认证敏感期。

3. 让偶像帮孩子改正缺点

每个孩子身上都有缺点，但是想让孩子改正，却不太容易。家长可以利用孩子崇拜的偶像来帮他改正缺点，培养好习惯。故事2中的妈妈就是利用"大力士吃菠菜"让孩子改掉了只吃肉的坏毛病。当然，孩子的其他缺点，也是能与他所崇拜的偶像联系起来的，父母要善于利用这一点。

孩子变得黏人、脆弱、爱"吃醋"
——要尽量满足孩子的情感需求（4~5岁）

身边故事

故事 1

最近，妈妈发现4岁的女儿特别黏人。一直以来，妈妈都认为女儿比较独立，一点都不黏人。但现在，女儿好像变了一个人一样，她开始黏人。她早上醒来的第一件事，就是找妈妈，要是妈妈不回应，她就会哭起来。

尤其是这两天，她晚上睡不了两个小时就会醒来，要求妈妈抱抱。

故事 2

这几天，家里的电话铃一响，4 岁半的儿子就大声说："别接电话！别接电话！"如果儿子看到妈妈要去接电话，他就跑过去拿起电话来说："喂，你好，我妈妈不在家，再见！"

妈妈对此感到很奇怪，她去咨询了一位儿童教育专家。专家说："孩子的情感敏感期到来了，他更需要你的陪护。"

当天晚上，妈妈就放弃了做家务，陪儿子说话、读书，儿子非常高兴。玩了好长时间，妈妈想起要跟一位好友电话联系，于是她赶紧拨电话。当妈妈聊了十几分钟后，儿子不干了，他大声说："妈妈快挂！"然后把电话键一通乱按，电话中断了。

妈妈放下电话，发现儿子已经泪流满面了。妈妈非常平静地问："为什么不让妈妈打电话呀？"儿子说："妈妈应该陪宝宝。"

成长解码

当孩子四五岁的时候，他的情感世界就会被父母唤醒，他对情感也有了更加深刻的认知。他会变得特别喜欢跟妈妈和爸爸在一起，感受来自父母的爱与温暖。

另外，孩子还希望妈妈和爸爸把爱都给他，不能分心。如果妈妈去忙别的或去亲近别的小朋友，孩子就会以为妈妈不爱他了，会"吃醋"，甚至会伤心地哭泣。

故事 2 中的孩子发现妈妈聊了"很久"还没有停止的迹象后，就强行让妈妈中断电话。此时，妈妈应该理解，在情感表达敏感期，孩子需要妈妈全心全意地陪伴。

教育建议

1. 要学会安慰孩子

如果发现孩子对自己非常依恋，当自己亲近别的孩子或给别人的孩子分享食物时，孩子的表现不够"大度"，甚至大哭大闹，此时父母要清醒地意识到，这并不表示孩子任性，也不要认为孩子情感脆弱。实际上，这是孩子情感的一种正常表达。

对此，父母不应该呵斥孩子，而应该去安慰他。比如，把孩子搂在怀里，告诉他："妈妈很爱你！"当孩子知道妈妈爱自己，心情就会放松。但是，如果父母不安慰孩子，孩子就会认为父母不爱他，就变成心事。如果心事一直得不到解决，就很可能影响孩子心理的正常发展。

2. 满足孩子的心理需求

孩子在情感敏感期，会表现得比较脆弱，父母应尽可能地满足他的心理需求。就像故事1中的孩子，她晚上刚睡了两个小时就要去找妈妈抱。此时，妈妈不要嫌烦，要尽量满足孩子。

3. 给孩子表达情感的自由

在情感敏感期内的孩子，会很喜欢往父母的怀里钻，喜欢亲吻父母等。这不仅表明孩子在向父母索取爱，也是在向父母表达自己的情感。父母应该高高兴兴地接受和配合孩子，切不可按着自己的主观想法或根据自己心情的好坏作出回应。

"我会，让我来"，孩子变成"小大人"
——孩子有强烈的做事意愿，进入了社会活动敏感期（5~6岁）

身边故事

故事1

萧然5岁了，爸爸妈妈都把她视作掌上明珠，什么事情都不让她做。不过，萧然却非常想做点什么。

晚上，妈妈正在厨房切菜，萧然走了过去对妈妈说："妈妈，让我切吧，我也会切。"

妈妈说："小姑奶奶，你可别切，要切着手就麻烦了！"

尽管萧然一再请求妈妈，但妈妈还是没有答应她。最后，妈妈说："去看动画片吧！这里不好玩。"萧然只好悻悻地走向电视机……

故事 2

自行车坏了，爸爸正在修理，5岁半的儿子看到爸爸熟练地运用扳手把螺丝拧下来，把零件拆下来，就感觉很有意思。于是，他就说："爸爸，也让我拧个螺丝吧！"

爸爸说："去，一边玩去吧，别在这里捣乱了！"

儿子并没有离开，他还是想亲手操作一下。于是，他又说："爸爸，我想拆那个零件。"

这时，爸爸有点着急了："你这孩子，再捣乱我就打你了！"

儿子很"知趣"，不再看了，一个人上楼去了……

故事 3

朵朵5岁时，突然对倒垃圾产生了浓厚的兴趣，每天早晨上幼儿园的时候，她都会提着垃圾桶去倒。妈妈为了支持她参加家务劳动的兴趣，培养她倒垃圾的责任感，对她倒垃圾的事情给予充分了肯定，并予以表扬，说她勤快、能干。妈妈的表扬激发了朵朵作为家庭一份子的自豪感，她每天主动倒垃圾，慢慢地形成了习惯，最终把这项劳动看成自己的一份责任。

现在，朵朵7岁了，每天依旧提着垃圾下楼，非常开心……

成长解码

五六岁的孩子会学妈妈的样子，扫地、擦桌子，他时常表达"我要做"的愿望，这些表现说明孩子已经进入了社会活动敏感期。父母不要怕孩子做不好，应该允许他去做。

故事1和故事2中，两个孩子对动手劳动有着非常强烈的兴趣，可一位家长怕孩子切着手，另一位嫌孩子"捣乱"，结果，两个孩子的积极性就这样被父母无情地扼杀了。

很多父母因为嫌孩子慢或害怕惹其他的麻烦，不让孩子做他力所能及的事。结果，若干年后，自己的孩子不懂事，不懂得帮父母分担家务。到底是谁"造就"了这些"无能"的孩子？难道不是家长自己吗？

故事3中朵朵的妈妈是很智慧的，她保护了孩子劳动的积极性，并运用肯定、鼓励与表扬的方式，让孩子增强做事的主动性，最终使她养成了一种好习惯，也培养了她的责任感。这种方式是值得父母学习的。

教育建议

1. 不要误解了孩子

很多父母把孩子想要做事的行为看成是"添乱""凑热闹""搞破坏""捣乱"等，于是就会阻止孩子去做他想做的事情。其实，这是对孩子的一种误解，孩子想做饭、想修理、想做家务等要求，是他在社会活动敏感期的特殊表现。如果父母不让他去做，他的好奇心或愿望很快就会消失，孩子的自理能力很难被培养起来。

2. 给孩子做事的机会

每一位父母都应该特别留心孩子的社会活动敏感期，一旦发现他有想做事的意愿，就一定要让他去做，甚至要创造机会让他做。

孩子之所以想去做事，是因为他有好奇心，有探索的欲望，如果父母以各种理由拒绝孩子，不但会伤害孩子的自尊心，还会扼杀孩子的好奇心和探索欲。长此以往，孩子学习和成长的主要动力就会消失，他的学习和成长就势必会受到影响。

父母一定要给孩子做事的机会，给他足够的自由，这样孩子才能具备强大的成长动力。

3. 及时鼓励孩子

并不是孩子有想做事的意愿，就一定能做好。很多时候，孩子因为年龄小，还处于探索阶段，并不能熟练地将简单的工作做好。比如，开始的时候，孩子连基本的家务也做不好；初次切菜的时候，可能真的会切到手等。这些对孩子来说，可能会令他有强烈的挫败感，他可能会因此而放弃。这时，就需要父母及时鼓励孩子，并给其示范正确的做事方法。只有这样，孩子才会有信心，才能将事情做好。

孩子喜欢监督别人按照规则办事
——孩子在建立自身的规则意识，不强迫孩子做违背自身规则的事（5~6岁）

身边故事

故事1

　　龙龙、杨扬、飞飞3个孩子在玩"剪子包袱锤"的游戏。游戏规定：谁要是输了，就让另外两个赢的人弹一下脑门。游戏开始了，龙龙先赢了，接着是飞飞赢了，于是他们高兴地弹了杨扬的脑门。

　　第二轮，龙龙和杨扬赢了，他们快乐地弹了一下飞飞的脑门。

　　第三轮，龙龙输了，就在杨扬和飞飞准备弹他的脑门时，龙龙突然不玩了，他跑了。于是，杨扬和飞飞就去追他，可杨扬跑得很快，他跑到妈妈的身后"藏"了起来。没办法，杨扬和飞飞只好各自回家了。

　　回到家，杨扬很不高兴地对妈妈说："龙龙输了，他不让我们弹脑门，这样做是不对的……"

　　妈妈安慰杨扬说："每个人都会犯错误，龙龙不遵守规则，他自己也难受，以后他会遵守规则的，请给他时间好吗？"

　　虽然杨扬点头，但感觉他还是想不明白。直到晚上睡觉的时候，杨扬还嘟囔："龙龙这样做是不对的……"

故事2

　　星期天，两个五六岁的孩子在小区里的空地上一起砸王牌。突然，他们吵了起来，为什么呢？因为小寒赢了王牌，而输王牌的小柳却不给他。

　　这时，他们的妈妈听到了，就都过来了。小寒对小柳的妈妈说："阿姨，我赢了小柳的王牌，他不给我。"

　　小柳也不示弱，他对小寒的妈妈说："阿姨，我们只是做游戏，不是真赢的。"

　　听完两个小家伙的诉说，两位妈妈都笑了。

小柳的妈妈说："小柳，你们应该事先谈好规则，是真玩还是假玩。如果是真玩的话，人家赢了，你就应该把王牌给人家。这样，人家才愿意跟你玩。"

这时，小寒的妈妈提议："要不，你们现在就制定规则，是真玩，谁要是输了，就把王牌给赢的人。你们看，好不好啊？"

两个小家伙都说"好"。于是，砸王牌又开始了。很快，小寒又赢了小柳的王牌，这时，小柳也没含糊，直接就把王牌给了小寒。

现在，他们都接受了游戏规则。

成长解码

游戏之所以有意思，就是因为它有规则，如果没有规则，那就不成为游戏了。在孩子的眼里，游戏是有规则的。但是，他们有时不愿去遵守。孩子需要在玩游戏的过程中，反复使用规则，并把它内化（也就是蒙台梭利所说的"肉体化"），才能适应并完全接受规则。当孩子把规则内化以后，就意味着他对群体、对社会有了规则意识、责任意识，他才能自然而然地度过社会规则敏感期。

教育建议

1. 允许孩子玩有规则的游戏

一般来说，孩子会在玩游戏之前定好规则，并会遵守这个规则。这样，他才会有安全感。但是，在玩游戏的过程中，总会有些孩子不遵守规则，会遇到输了不认账的情形。这时，赢的孩子就会承受痛苦。有的父母会因为自己的孩子玩输了，或者嫌孩子总拉着自己去"评理"，而不允许孩子玩这类输赢的游戏。其实，这样是不对的，孩子在玩游戏的过程中，会建立规则、遵守规则，而且还会锻炼承受输赢的心理素质。因此，家长应该鼓励孩子。

另外，家长也不必担心孩子过于痴迷这些输赢游戏，或担心孩子因为输赢而心理上受伤害。一般来说，孩子在6岁左右，会对这种输赢游戏达到痴迷的程度。但到了10岁左右时，大多数孩子都能严格遵守游戏规则。因为相互都认可了游戏规则，输了的孩子也就不会有那么强烈的失落感了。

2. 不强迫孩子做违背自身规则的事

孩子会为很多事情设定规则，一旦违背了他的规则，孩子就会不开心，并且不愿意去做。

比如，在成人看来，盖浇饭就是把菜盖在主食上的一种饭，很正常。但是，在某些孩子眼里，饭就是饭，菜就是菜，两种东西混在一起，就不是饭了，就不能吃了。如果父母强迫孩子去吃的话，就等于让孩子做违背自身规则的事，孩子的心理就会受到伤害，从而影响孩子规则意识的发展。

在生活中还有很多这样的情形。比如，孩子讨厌某种衣服的颜色或款式，父母却强迫孩子去穿。

3. 尊重孩子的规则意识

当孩子不愿意去做某种违背自身规则的事情时，即使父母对孩子的行为不理解，也不要试图说服孩子按照自己的想法去做。父母应该尝试与孩子沟通，看看他内心的想法是什么。通过沟通，可能会发现孩子的想法是有道理的，并不是故意找茬儿或任性。父母要尊重孩子的规则意识，从而让规则在他的内心得到强化。

孩子学会"维权"，处处要求平等
——要尊重孩子的决定和选择（5~6岁）

身边故事

故事 1

5岁的茜茜最近特别神气，因为她总是会坚定地维护自己的权利。当她感觉自己的权利受到别人的侵害时，她就会毫不客气地说："请你向我道歉！"说话的语气十分坚定。

有一次户外活动，成成从茜茜的身边飞快地跑过时，胳膊碰了她一下。当成成停下来不跑的时候，茜茜就走到他的面前，一本正经地说："刚才你碰到我了，请你给我道歉！"

当她发现别人违背规则时，她也毫不犹豫地制止别人不遵守规则的行为。一天，她看到林正在楼道里跳起来，使劲地跺脚。她就走过去，很认真地说："这里的地板不能跺，请你停止。"

故事2

一天，5岁半的女儿让妈妈生气了，妈妈使劲推了她一下，把女儿弄疼了。要是在以前，女儿一定会大哭起来。但这一次，女儿不但没有哭，还一本正经地对妈妈说："妈妈，你弄疼我了，你得向我说'对不起'。"

妈妈本来还挺生气的，女儿这么一说，她倒不生气了，还真给女儿说了声"对不起"。妈妈说完后，女儿非常高兴，还亲了妈妈一下。

成长解码

处在社会规则敏感期的孩子，会以成人的姿态对待一切。他会了解自己和他人的基本权利，并且非常注重维护自己的权利。一旦他感觉自己的权利受到了侵害，就会要求别人道歉。即使对方是无意的，他也会一本正经地去"维权"。这是孩子成长的标志之一，父母要懂得尊重孩子的成长规律，尊重孩子作出的选择。

故事2中，妈妈很尊重孩子的"权利"，向孩子道了歉。因为妈妈知道，孩子这样说是有道理的，要求道歉是孩子内心的权利意识使然。

教育建议

1. 尊重孩子的成长规律

有时，孩子的很多行为在成人看来，是很可笑的。比如，孩子发现某个同龄人在跺脚，他就会走上去，让那个小朋友向"地"道歉。这看上去真的有点好笑。但是，可笑的背后却反映出孩子强烈的自尊意识。

为了让孩子的自尊意识能够快速、顺利地发展，父母一定要尊重孩子的成长规律，不拿成人的想法去要求孩子、衡量孩子，更不能武断地让孩子按照成人的意志行事。这样，孩子的自尊心才能得到最大限度的保护。

2. 尊重孩子的决定和选择

父母不要以为五六岁的孩子还小，不懂事。其实，这个年龄段的孩子已经懂得很多事情，他会有自己的想法，会作出自己的决定，作出自己的选择。在这种情况下，父母在条件允许的情况下，应该尊重孩子的决定和选择。

爸爸带5岁半的儿子去一家餐厅吃饭，刚坐下，爸爸的手机响了，但因为餐厅太吵，爸爸出去接电话了。10分钟后，爸爸再回到餐厅，发现儿子满脸的不高兴。

爸爸还没有来得及问明原因，儿子就说话了："爸爸，我们走，没人招待我！比我们晚来的都点上菜了。"爸爸安慰他说，服务生太忙了。但是儿子还是执意要走。

看儿子的态度很坚决，爸爸就同意了。

可能在服务生看来，孩子是没有权利点菜的，应该由成人点。但是，在孩子看来，服务生不招待他，就是对他的一种蔑视，就是无视他的存在，在不平等地对待他。于是，孩子作出了换家餐厅的决定。而这位爸爸也尊重了孩子的决定。

如果把孩子强行留在那家餐厅，他就会认为，人的尊严是可以践踏的，没有必要"维权"，哪一天他也会无视别人的尊严。这对孩子的成长和未来的人生发展来说，都是非常不利的，

这件事情虽然很小，但是如果家长处理不当，会对孩子产生不良的影响。因此，父母一定要认真审视孩子类似的行为，作出最合理、最有助于孩子成长的回应。

第七章
书写与阅读敏感期
（3.5~5.5 岁）

———————❧❧❧———————

　　孩子在书写敏感期时，会乐此不疲地到处写字，会到处留下"墨宝"，对于这种情况，父母不能呵斥、打骂孩子，而应该想办法去引导孩子把字写到纸上，让孩子喜欢写字。与书写敏感期相比，孩子的阅读敏感期会迟一点到来，父母最好能给孩子一些阅读的刺激，比如早一点让孩子接触书籍。当然，应该给孩子选择一些适合他的读物，再布置一个适合他读书的家庭环境，教孩子阅读传统经典，让他爱上阅读。

———————❧❧❧———————

孩子爱上"写字"，写出的却是黑点或乱线条
——家长要肯定并鼓励孩子多"写字"（3.5~4.5岁）

身边故事

　　吃完晚饭，3岁半的女儿跑到桌前，拿出爸爸的笔和笔记本，开始"写字"。写了一会儿，她就大声喊道："妈妈，快来啊！"

　　此时，妈妈正在厨房收拾碗筷。听到女儿的喊声，就赶紧过来了。来到女儿面前，女儿仰着小脸一本正经地问妈妈："妈妈，你看我写的字漂亮吗？"

　　妈妈一看，真不知道该说什么好，因为女儿根本就不是在写字，而是在乱画。女儿看到妈妈没有及时作出评价，有点失望。妈妈看到女儿的表情后，说了一句话："我看还不错，你看这个字写得就很不错，妈妈像你这么大的时候还不会写呢！"

　　听妈妈这么一说，女儿非常高兴。她睁大眼睛问："妈妈，你说的是真的吗？"

　　妈妈说："当然是真的了！"

　　这时，女儿一下子找到了自信，感觉浑身也充满了力量，她非常认真地说："我还要写更多的字，我要好好写。"

　　看到女儿这么有信心、有兴趣，妈妈很高兴，心想：幸亏没有打击孩子的积极性。

成长解码

　　孩子在4岁左右就会进入书写敏感期。在这个敏感期内，孩子非常喜欢符号，对书写文字符号特别感兴趣。他会主动要求购买写字用的工具，然后就会乐此不疲，甚至是废寝忘食地书写。但是，他写的"字"只是一些黑点、一些乱线条等。

　　这个时候，孩子书写的"字"成人是看不懂的，建议父母让他去解释一下，相信大部分孩子都能解释出自己写的是什么。当然，在开始书写时，孩子用来书写的东西具有很大的随机性，写得也很差，这反映了孩子缺乏良好的协调和控制能力。随着孩子协调与控制能力的提高，他会渐渐地写出可以识别的线条或图案。

教育建议

1. 鼓励孩子的书写行为

在书写敏感期，孩子写出的字并不规范，尽管如此，他还是非常喜欢去书写。虽然他写的东西在父母眼里好像都不是字，但是父母依然要鼓励孩子，用欣赏的态度去看待他的书写。这样，就等于给孩子的书写兴趣注入了延续下去的动力。

2. 给孩子做好书写的示范

这里所说的示范，并不是指教孩子一笔一划地写字，而是给孩子一个"书写"环境的示范。在生活中，父母应该有意识地用笔写写算算，因为孩子会模仿父母的行为。

当然，父母也可以与孩子一起写写画画，让孩子感受到父母对他的支持与关爱。在这个过程中，父母也能够感受到亲子乐趣。

3. 不要否定和揭穿孩子

父母可能会注意到，孩子经常在乱写一气后问家长："你看我写的是什么？"很显然，孩子认为阅读者能够看懂他写的字符。当孩子提问时，建议父母反问孩子，让孩子自己解释一下，如果父母仍没有听懂，也不要否定孩子。

另外一方面，即使孩子明明知道自己写得不对，他也会声称自己写得很对。这一点需要父母注意，尽可能不去"揭穿"孩子，以保护孩子的自尊心。

孩子到处留"墨宝"
——不要批评孩子，要给孩子准备书写工具（3.5~4.5岁）

身边故事

故事 1

一天晚饭后，4岁半大的儿子兴奋地对妈妈说："妈妈，快来看，我会写字了。"妈妈听到儿子的话后，就来到儿子的房间，只见儿子在白白的墙面上写了几个"人"字，或者是"八"字。这时，儿子非常自豪地对妈妈说："妈妈，你看，我写了个'人'！"

妈妈认真地看了看孩子写的字，能够看得出，儿子写这几个字费了很大的功夫。于是，妈妈就鼓励他说："嗯，不错，写得很工整啊！"

儿子很高兴，他说："妈妈，这几个字是专门写给你和爸爸看的！等爸爸回来后，我想让爸爸也看到。"

因为爸爸到外地学习去了，妈妈不希望儿子再在墙上写字了，就对儿子说："要是爸爸能早一天看到你写的字就好了！"儿子问道："妈妈，我也想让爸爸早点看到，你说我该怎么办呢？"

妈妈说："要不，你把字都写到纸上，然后寄给爸爸看，好不好？"儿子一听，兴奋地说："妈妈，太好了。"从那天晚上开始，儿子就在纸上写字了。

故事 2

星期六下午，几个四五岁的孩子在小区的石灰地面上写字，他们有的写的是字，有的写的像字，有的写的不是字……尽管如此，每个孩子都开心地写着。

当写满那一小片空地时，一个小家伙突然发现旁边的石桌上也可以写字，于是，他就在石桌上面写了起来，其他的孩子见状，也都在石桌上写了起来……

两个小时后，地面上、石桌上、石凳上、靠近地面的墙面上，都有他们留下的"墨宝"，看着自己写的字，小家伙们都说："我写的好看！"他们为谁的字好看争了起来……

成长解码

孩子刚学会写字的时候，会非常兴奋，会为自己掌握了书写能力而感到骄傲。他会随时随地地展示他的书写能力，感受书写带给他的快乐。比如，他会在自家的墙面上、地板上、小区的空地上、石桌上、雪地上、沙土上等地方留下自己的"墨宝"。对此，首先父母不要批评，而应该给予孩子赏识与鼓励，这样才能激发孩子继续书写的热情。接下来父母应该引导孩子把字写在纸上，故事1中那位妈妈的做法就是比较科学的。

教育建议

1. 不要批评孩子到处乱写

当孩子处于书写的敏感期时，孩子可能会到处留下自己的"墨宝"，父母不应该批评孩子，而应该鼓励孩子。如果父母批评孩子，甚至是打骂孩子，很容易打击孩子的书写积极性，导致孩子对书写产生反感和排斥情绪，不愿意再写字。

10岁的男孩小波非常聪明，但一提起写作业这件事，一家人就非常烦恼，因为小波有个坏毛病——不爱写字。每天放学回家，小波就玩，作业能拖就拖，实在不能再拖了，就慢吞吞地写，经常写到十一二点才能写完。而且，因为不爱写字，每次考试都答不完试题，当然考分也很低。其实，那些题目他都会做，但就是不爱写。之所以会这样，就是因为在小波4岁多时到处乱写字而被妈妈严厉地批评过几次，从那以后，他就不喜欢写字了。

可见，对于书写敏感期的孩子到处乱写的情形，父母一定要理智对待，否则可能就会给孩子带来严重的不良影响。当然，对于小波的情况，父母应该给予孩子全方位的帮助和鼓励，逐渐增加他的自信心，提高他的写字兴趣。

2. 通过鼓励让孩子写工整

孩子因为年龄小，缺乏锻炼，所以写出来的字比较难看，歪歪扭扭。对此，父母不要拿成人的眼光看待孩子写出的字。一定不要说："写得真难看！""跟鸡爪子一样！""一点都不工整！"等。

父母要善于发现孩子写得比较好的字，然后指给他说："这个字写得很工整，一定下了很大功夫吧！"这时，孩子感受到父母的鼓励与肯定，就会力争让所有的字都写得一样工整。

3. 给孩子准备书写工具

在孩子刚开始写字的时候，父母可以给孩子准备好书写工具，如铅笔、纸张等，这些笔和纸张能引起孩子的书写兴趣，比如笔上有卡通图案、纸是不同颜色的，或纸上有孩子喜欢的图案等，这样孩子就比较愿意在上面写字。

4. 耐心等待孩子的敏感期

有的孩子的书写敏感期会来得比较迟一点，父母应该耐心等待。不要为别的孩子已经开始写字而自家孩子还没有书写的动向着急，更不要强迫孩子写字。因为孩子在书写敏感期到来前，对写字没有什么兴趣，如果强迫孩子去写，只能让孩子感到压力，产生反感。长此以往，孩子的书写敏感期可能就会延迟到来，甚至不会到来。

孩子喜欢认字，对阅读产生兴趣
——满足孩子的识字需求，培养孩子的阅读习惯（4.5~5.5岁）

身边故事

故事1

一天早上，4岁半的儿子刚起床，就指着床边上的一本书问："妈妈，这几个字是什么？"妈妈回答："金盾出版社。"接着，儿子又指另外一本书问，妈妈回答说："人民出版社。"没过多长时间，家里的几十本书上的出版社名称，他都能认下来了。

后来，每次妈妈买回新书来，儿子都要拿过去看一下，他会先找到"出版社"的位置，然后读出来，一副很认真的样子……

故事2

今天是周末，妈妈带5岁的女儿去动物园玩了一天，女儿和妈妈都感觉很累。

晚上回到家，妈妈就坐在了沙发上休息。可是，女儿却跑到自己的房间，拿出一本书来，认真地读了起来……

成长解码

一般来说，孩子在阅读敏感期到来之前，会对识字感兴趣，有的孩子4岁时就已经开始识字了。孩子识字的渠道是千奇百怪的，比如故事1中的孩子通过认"出版社"来识字，有的孩子会通过读街上的广告牌、店铺名称去认字等，父母一旦看到孩子对识字感兴趣，就一定要抓住这个大好时机，满足孩子的识字欲望。

孩子在进入阅读敏感期后，会对阅读产生非常强烈的兴趣。但是在这之前，孩子特别愿意听别人阅读，也就是在3岁左右。因为那时孩子还不识字，没有掌握语言，所以他会要求父母读给他听；当孩子5岁左右时，孩子已经认识了一些字，他可以自主地阅读一些简单的书。故事2中自主阅读的小女孩，在累了一天的情况下，还特别热衷于阅读，足以看出孩子对阅读的强烈兴趣。

教育建议

1. 满足孩子的识字需求

有个孩子每次上街，总会问爸爸妈妈店铺招牌上的字读什么，一路上问个不停。

每次，爸爸妈妈都会耐心地回答孩子，孩子也会再重复几遍，然后用心记一下。等下次再看到同样字的时候，他就认识了。爸爸妈妈的这种做法满足了孩子的识字需求。

如果父母不耐烦地说："问什么问？以后你上学都会学的，别烦我！"孩子就会觉得很委屈，识字的速度会减慢，阅读的敏感期可能就会延迟到来。

有的父母为了满足孩子的识字需求，会在家具、电器、生活用品、学习用品上贴上它们的名称，这样孩子就会在不知不觉中认识这些字。这样，孩子会把文字与实物对应起来。

2. 帮孩子养成阅读习惯

在孩子小的时候，很多父母都会为孩子讲故事。给孩子读故事时，如果能用手指着字，逐字地阅读，会提高孩子的识字速度。当然，给孩子读故事尽量要读得趣味十足、惟妙惟肖，切忌把书读得太过死板，没有表现力。家长也可以在讲故事时，适当地提出一些问题，来提高孩子的阅读兴趣。

另外，给孩子阅读的书一定要适合他的年龄特征，最好能图文并茂，这样才能吸引孩子的注意。

3. 尽早让孩子接触书籍

虽然说孩子在阅读敏感期的阅读是自动自发的，但这也是在外界环境的刺激下引起的。比如，孩子早接触书就是对他的一种阅读刺激。如果孩子从小没有接触或很少接触书籍，他的阅读敏感期就不会出现，或者很晚才出现。所以，在孩子很小时，父母就应该有意识地给孩子提供一些适合他阅读的书。虽然孩子当时可能读不懂，但是如果父母大声地朗读，或者在他的面前阅读书籍，孩子就会学着周围的人的样子去尝试阅读，慢慢地，他就会认字，并开始自主阅读。

4. 给孩子创造良好的阅读环境

父母应该给孩子创造一个良好的阅读环境：第一，要有符合孩子年龄特征的书桌和凳子；第二，光线要充足，空气要流通；第三，要创造安静的环境，不要让孩子读书而父母在客厅看电视；第四，要有适合孩子阅读的书；第五，要有适合孩子放书的地方；等等。

孩子只喜欢读某一本书，不接受其他的书

——要激发孩子的阅读兴趣，不要强迫孩子读自己不喜欢的书（4.5~5.5 岁）

身边故事

星期天，妈妈又带儿子逛书店了。妈妈希望孩子在小的时候就能读大量的书，所以每隔一个周末都带儿子去书店买书。

这天，妈妈又给儿子挑了 5 本书，想让孩子在接下来的两周时间内读完。看到妈妈又买了 5 本书，儿子不太高兴了，他噘着小嘴说：“妈妈，我不爱读这样的书！”

妈妈有点纳闷：“不爱读？那你爱读什么？”

儿子说：“我就爱读家里那本……”

妈妈有点不解地问：“那本书你读了几十遍了，还没读烦啊？”

儿子回答：“没有，我最爱看里面的……”

妈妈有点烦了：“只读那一本书，有什么出息？”说完，就硬拉着儿子去收银台付款了……

成长解码

故事中的孩子，只对一本书感兴趣，即使读了好多遍，他依然爱读那本书。可见阅读兴趣对孩子来说是非常重要的。在成人眼里，只读一本书是长不了太多见识的，需要广泛的阅读才能得到各方面的知识。虽然成人的想法和初衷是好的，但是如果给孩子选的书，孩子不爱读，父母买再多的书也是徒劳的。所以，父母应该尽最大努力去激发孩子的阅读兴趣，而不是给孩子买大量的书强迫他去读。

教育建议

1. 为孩子选择他感兴趣的书

父母为孩子选书时，切忌太过主观，要充分考虑孩子阅读的实际需要和兴趣。比如，图画是否有吸引力，内容是否有趣，情节发展是否符合孩子的想象和思维特点，文字是否简洁、不啰嗦等。在选择图书的时候，也应该征询孩子的意见。如果孩子说他不喜欢那本书，最好不要买，因为买了他也不一定会读。

2. 不要强迫孩子读书

因为孩子的识字量有限，所以不建议让孩子读太多字的书，如果孩子愿意，家长可以讲给孩子听，切不可强迫孩子去读。还有一些书，看起来很好，孩子能读得懂，并且图文并茂，但是孩子却不喜欢。孩子不喜欢的原因很多，也许是书中的某个形象让孩子害怕，或者是书中的颜色孩子不喜欢……孩子的眼光和家长是不同的，孩子与孩子的喜好也各有不同，家长不可强迫孩子去读自己认为很好、很适合孩子的书。

3. 与孩子一起阅读

父母可以与孩子一起读书。当孩子在阅读的时候，父母应该鼓励孩子多运用想象力。比如，让孩子续编故事，或者与孩子分享自己对图片的理解。在这个过程中，孩子的阅读兴趣就会得到提高。慢慢地，孩子对阅读的态度就会转变为"我要读"。

当然，亲子阅读还能充分表达父母对孩子的关心，能够满足孩子渴望得到父母关爱的心理需求，同时父母也能感受到亲子阅读的乐趣。

4. 不要对孩子的阅读管得太死

孩子一般好奇心强，好动，缺乏耐心与持久力，如果有好几本书同时摆在孩子的面前，孩子可能一会儿翻翻这本，一会儿看看那本。遇到这种情形，父母不要着急，更不要呵斥他，因为这是孩子的普遍特点。

当父母看到孩子把书放在手里翻阅，就应该感到高兴，因为这表示孩子对书感兴趣，至于看多长时间、怎么看等问题，父母不必要求太高，要给他自由。

5. 调动孩子的阅读兴趣

父母可以采取一些方法来调动孩子的阅读兴趣。比如，可以用悬念法，在给孩子读书的时候，故意留下悬念而不读，这种情况下，孩子就会自己努力去寻找答案；也可以用故事梗概法，把故事大意讲给孩子，当孩子听了感觉故事有意思时，他自己便会去阅读。

通过角色扮演来"讲"书中的故事
——孩子阅读敏感期的特殊表现（4.5~5.5岁）

身边故事

故事1

星期六，两个5岁的孩子凑在一起玩阅读游戏，因为他们都很喜欢故事书中"大灰狼和小兔子"的故事，于是他们决定各自扮演一个角色。

扮演"小兔子"的孩子"藏"在门后面。扮演"大灰狼"的孩子从"远处"走来，一边走，一边说道："小兔子乖乖，把门开开，快点开开，我要进来……"

这时，"小兔子"说道："不开，不开，我不开，妈妈没回来，不能把门开……"

角色扮演完一遍后，两个孩子又互换了角色，非常认真地继续表演。表演完还高兴地跳起来，好像是在庆祝自己表演得很成功。

故事2

5岁的西西吃完晚饭就回到了自己的房间。她在讲"三只小猪"的故事，她一边讲还一边做动作，她一会儿扮演猪老大，一会儿扮演大灰狼……她这是在给谁讲呢？

原来她在给玩具小猪讲"小猪"的故事呢！讲完后，西西拍拍玩具小猪的脑袋说："你可别学那头大猪啊！你要学习那头小猪！"

成长解码

对孩子来说，书籍中的故事情节是一些想法的丰富来源。在阅读敏感期的孩子，常常会将自己融入到虚幻的故事中，并用游戏表现故事的构思。

有的孩子读过故事后，会迫不及待地讲给父母听，甚至会对着玩具、桌子等物品表演。作为家长，要鼓励孩子将故事复述出来。有的家长觉得孩子讲故事磕磕巴巴，半天也讲不出来，就忍不住打断孩子，这样做也是不可取的。家长要对孩子有耐心，尽量让孩子独立讲完故事。当然，如果孩子要求家长和自己扮演书中的角色，家长应该积极地配合孩子。

教育建议

1. 认同孩子的阅读游戏表现

对于孩子在阅读敏感期中做的各种阅读游戏，父母要认同并赞赏孩子。当孩子主动向他人或没有生命的物品讲故事时，表明他已经理解了这个故事，并把自己融入到了整个故事中，而且他也抓住了故事的主旨，明白了善恶好坏，明白了应该怎样更好地做事。

例如，故事2中的小女孩最后对玩具小猪说的那句话，充分表明孩子懂得了应该向谁学习、不该向谁学习的道理。

再如，孩子喜欢扮演故事中的角色，表明他很喜欢这个故事，所以他才会去扮演其中的角色。当他与同龄的小伙伴扮演不同的角色时，他会从游戏中学会互相帮助，并且相互合作。

角色扮演还能提高孩子的创造力和想象力，增进了与同龄小朋友的人际互动，从而促使孩子的社交能力。

2. 认真去听孩子讲故事

很多时候，孩子读懂了某个故事后，就有一种要讲出来的冲动，而孩子的第一个听众很可能是父母。所以，当孩子主动给父母讲他读过的故事时，父母一定要认真去听，切不可以各种理由扫孩子的兴。

父母也可以主动要求孩子讲，当孩子看到父母愿意听他讲故事时，他就会讲得特别认真，以后他会看更多的故事书，讲给父母听。

不过，父母要注意，如果要求孩子讲而孩子不愿意讲时，切不可强迫孩子讲。

3. 与孩子分角色演故事

孩子在扮演故事中的角色时，父母应该积极响应孩子的"号召"，这样才能让孩子感受到父母对他的关爱。

父母也可以主动邀请孩子去扮演角色。同样，如果孩子不愿意扮演，父母切不可强制孩子去做这件事。

在进行角色扮演的时候，可以找故事中需要的一些道具，从而增加扮演的戏剧效果。

在孩子眼里，文言文和白话文是一样的
——要扩大孩子的阅读面（4.5~5.5岁）

身边故事

故事1

轩轩5岁了，最近一段时间，每天早上和晚上他都要读一遍《弟子规》。如果早上不读一遍，他就不吃饭；晚上不读一遍，他就不睡觉。因为他读得抑扬顿挫，语速不疾不徐，读完一遍大约需要15分钟，他读得特别认真，特别用心。妈妈看了也非常高兴。

轩轩之所以爱读《弟子规》，是因为有一次妈妈带他参加了一堂《弟子规》读书会，在那里，轩轩感受到了阅读经典的氛围。妈妈以为他不会感兴趣，因为《弟子规》里的文字和普通故事书的文字是有差别的，孩子可能会因为不明白而不感兴趣。但是，在轩轩眼里，文言文和白话文是一样的。读多了，自然就会背了，家长稍作解释，孩子也就能理解了。自从参加读书会以后，他就开始阅读了。而且，自从阅读了《弟子规》，他好像变了一个人似的。比如，妈妈再招呼他吃饭时，他会立即高声应答，在以前他是不会这样做的，就跟没听见一样；当妈妈让他做什么事情的时候，他也会立即去做，绝不拖延……

故事2

5岁的阔阔最近特别爱背广告词，他妈妈非常高兴，觉得自己儿子非常聪明，竟然能记住广告词。

阔阔家里基本上没有适合孩子阅读的书，爸爸妈妈也从来不读书，吃完饭就爱看电视，所以阔阔没有阅读的习惯，反而对背广告有兴趣。

有一次，妈妈带阔阔去朋友的新家祝贺。当时，朋友家里有很多人前来祝贺。刚落座，妈妈就说："祝贺你搬新家啊！"没想到，坐在身边的儿子接话了："搬新家了，偏偏赶上量多……就算量多也不怕，因为我有全新……"听到儿子这么说，妈妈感到非常尴尬……

成长解码

5岁左右是孩子阅读兴趣最浓的年龄。这时候，阅读会成为孩子的一种习惯，就像故事1中的小男孩，每天读两遍《弟子规》，雷打不动。但是，如果孩子没有适合的阅读材料，孩子也不会让自己闲着，他会创造出"阅读材料"，就像故事2中的那个孩子，会用背广告来填充他的阅读敏感期。遗憾的是，因为故事2中的阔阔对"阅读材料"没有很好的认知，不会选择，一概背之，结果就出现了故事中描述的那种尴尬场面。

教育建议

1. 让孩子扩大阅读面

有些家长认为外版图书可读性强，更加生动，而有些家长认为大部分国学经典中，蕴含着亘古不变的智慧哲理。其实，无论是国外作品，还是中国传统经典读物，都有值得孩子学习的地方。作为孩子的家长，应该尽可能多地让孩子接触到各种文化，让孩子阅读的品种尽量多一些，这样孩子的视野就更宽广，做事就会更变通。故事2中的父母没能给孩子阅读的机会，孩子只能背广告词来满足他阅读敏感期的心理需求。而部分广告用词不规范，有时还会有一些相对低俗的词汇，不利于孩子学习。所以家长一定要给孩子提供丰富的阅读资源，扩大孩子的阅读面。

2. 教孩子正确的阅读方法

在读书时，一定要放慢语速，吐字清晰，就像故事1中的那个男孩一样，读《弟子规》不疾不徐。这样才能让孩子的心安定下来，才能读出经典的味道。当然，这样做也会提升孩子的心理素质，孩子遇事时，会沉着冷静，谨慎思考。

另外，阅读时一定要端正坐姿，态度要认真，要做到眼睛看到、嘴巴读到、心中体会到，这3点缺一不可。孩子学会用这样的方式读书后，就会用这样的方式去学习，去做事。

父母应该养成良好的阅读习惯，一方面是给孩子做榜样，增强孩子阅读的兴趣；另一方面，也是让自己利用这个机会扩大自己的阅读面，得到一个再学习的机会。

第八章
文化敏感期
（3~9 岁）

　　孩子在 3 岁时，会对文化学习萌生兴趣；到了 6~9 岁，孩子会对探究事物有强烈的需求。这个时期，孩子的心智就像一块肥沃的田地，准备接受大量的文化播种。在文化敏感期内，每个孩子的关注点是不同的，时间长短也不一样。父母可以在这个时期给孩子提供以本土文化为基础的丰富的文化信息，扩充孩子的知识量，培养孩子关怀世界的胸怀。在这段时期，父母不用强迫孩子学什么，只需根据孩子感兴趣的方向，进行有益的引导就可以了。

孩子变成"十万个为什么"
——家长要耐心回答孩子的问题，并鼓励孩子独立思考（6~9岁）

身边故事

故事 1

星期六，6 岁的浩楠和爸爸去动物园玩。

到了黑熊馆，浩楠把手里的面包扔给了黑熊后，对爸爸说："爸爸，为什么黑熊总是仰着头？"

"因为它们希望我们把食物给它们啊！"爸爸回答。

"为什么它们一直吃个没完，它们饿了吗？"浩楠不解地问。

爸爸想了想说："应该不是饿了，而是馋了，就像浩楠看到好吃的食物也会馋啊，对不对？"

"可是，妈妈不会让我吃个没完，它们的妈妈为什么不管啊？"浩楠对于黑熊吃个没完还是很好奇。

"这个……爸爸就不知道了，但是，咱们不可以随便给黑熊喂吃的，一来，这是动物园里的规定；二来，给动物喂吃的对它们的身体不好！"

"哦！"浩楠好像明白了，暂时停止了发问。

故事 2

一位妈妈带 6 岁的女儿在楼下玩，看到路边的老爷爷把眼镜摘下来揉眼睛，女儿问："妈妈，那个爷爷为什么摘下眼镜啊？"

妈妈回答说："可能是眼镜戴久了爷爷眼睛累了吧！"

于是，女儿跑到老爷爷面前问："爷爷为什么摘下眼镜啊？"

老爷爷说："太热了，爷爷出汗了。"

女儿好像不太明白，还用很疑惑的眼神看着那位老爷爷……

下午，女儿刚睡醒，看到妈妈在自己的小腿上挠了一下，她就开始好奇了："妈妈为什么挠痒痒啊？"

　　妈妈随口说："被蚊子咬了一口呗！"

　　女儿又问了："蚊子为什么咬妈妈啊？"

　　妈妈就故意地说："哪有那么多为什么呀？"

　　女儿只好闭上了嘴巴。

成长解码

　　6岁的孩子已经开始对周围的世界进行简单的思考，对于不懂的问题，会追着父母问"为什么"。然而，孩子心里并没有一个预期的答案，对于父母给出的答案，他似乎没有满意的时候，或者依然有更深的疑问，因此就会不停地问"为什么"。

　　此时，父母不要急躁，不要生气，因为孩子正在用自己的方式了解世界、了解自然，建议父母要耐心地回答孩子的问题，如果有回答不上来的问题，最好和孩子一起查资料，共同探寻答案。

教育建议

1. 保护孩子的好奇心

　　父母之所以会对孩子的提问不耐心和急躁，主要原因是父母回答不了孩子的问题，而且孩子的大部分问题在父母眼里是幼稚和没有意义的。

　　比如，当孩子提出"鸟儿为什么会飞，而不是在水里游？""树叶为什么是绿色的？""为什么称呼母亲为'妈妈'而不是'爸爸'"等问题时，父母可能会认为"这些本来就是这样的，还用得着问吗？"于是，父母难免会敷衍和搪塞孩子。当孩子一连串的问题问过来时，有些父母会说："去去去，不要问个没完没了，长大了就会知道的。"

　　当孩子提出的问题家长不知道时，建议家长大大方方地对孩子说："这个我也不清楚，等我查一下相关资料后再告诉你。"父母不要以自己不知道而搪塞孩子，也不要因为自己知道而贬低孩子，父母平静而诚实的态度，会很好地保护孩子的好奇心。

2. 耐心并简要回答孩子的问题

面对孩子的"为什么"，父母应尽量用简短的语言来满足孩子的需求。因为即使父母给孩子讲很深的理论，孩子也接受不了。比如，当孩子问及"鸟儿为什么会飞，而不能在水里游"时，可以简单地告诉孩子："因为鸟儿的翅膀就是用来飞翔的，就像眼睛用来看东西，而不是用来吃饭一样。"当然，孩子还会继续问下去，可能会说："为什么鸟儿有翅膀，人没有？""鱼为什么不长翅膀？"……孩子总会问到父母回答不出来的时候，此时父母可以说："这个还有待于我们继续探索。"留一个小小的余地，无论对孩子还是父母而言都是明智之举。

父母耐心而简短的回答，不仅使孩子对世界有更进一步的认识，还使孩子的好奇心得以持续。好奇心是孩子日后求知的基本动因，有好奇心会促使孩子成为博学多闻的人。

3. 鼓励孩子自己思考

孩子爱问"为什么"，是孩子愿意思考的表现。因此，父母对孩子的善于思考要表示认同，同时鼓励孩子继续思考。

例如，父母可以反问孩子："你觉得是为什么呢？"可能孩子给出的答案是不合逻辑的，或者是荒谬的。此时，父母不要嘲笑他，要认可孩子的想象力，要对孩子表示，希望他能够找到正确答案。这样，父母既不用被孩子拽入回答问题的循环中，又鼓励了孩子去进一步思考。

孩子寻找答案的能力毕竟是有限的，如果父母帮助孩子一起寻找答案，可能会更加激励孩子的探索精神。

孩子要当科学家，对自然科学有强烈的兴趣
——家长要耐心倾听并参与讨论（6~9岁）

身边故事

凯凯刚上一年级，性格内向，下课总是一个人待着。有几天时间，凯凯下课后就走到语文老师身边说："老师，是不是天上有很多行星？"

"是的。"老师微笑着回答。

凯凯继续说："好像有八大行星。"

老师一听6岁的孩子能说出"八大行星"，不禁大吃一惊，说："是啊，你知道的不少嘛！"

凯凯听到老师的鼓励后，兴奋地说："有水星、金星、地球、火星，还有木星、土星、天王星和海王星。"

凯凯一口气说出了8个行星的名称，老师吃惊地说："哇，你一下都说出来了，真厉害啊！"

凯凯微微一笑说："我要当科学家，所以我要努力学习科学知识。"周围听到的同学向凯凯投来羡慕的目光，并围过来和凯凯一起讨论起来。

第二天，凯凯又来到语文老师跟前，说："老师，所有行星里面是不是木星个头最大？"

"应该是吧！"老师用犹豫的口气回答。

"是的，老师。"随后，凯凯拿出一本图画书，里面有很精美的图片，还有大量关于天文的常识，"我爸爸昨天给我讲过，老师您看！"

凯凯一边指着图片一边说："木星最大，另外土星周围有光环，像带了项链一样。"

老师也赶快看着图片说："是啊，土星真漂亮！"

……

随后的几天，凯凯总会找机会和语文老师探讨天文知识，也会引来很多同学一起看图画书。渐渐地，凯凯和同学们接触多了，也变得开朗起来。

不仅如此，一段时间里，班级气氛被天文、地理、自然知识包围着，孩子们似乎都沉浸在知识的海洋里。

成长解码

进入文化知识敏感期的孩子，一旦有机会接触文化科学常识，如历史、地理、天文、自然等，就像发现了新大陆一样。他会不断地从中探求奥秘。科学知识是无边无际的，它在满足孩子好奇心的同时，又在不断激发孩子的好奇心。在这个阶段，孩子就像小科学家一样一边埋头研究，一边在父母那里展现自己的"知识储备"。因此，孩子时而有很多问题向父母讨教，时而像什么都知道了一样，喋喋不休地给父母讲个不停。

每个孩子对自然科学知识的关注点不同，敏感期的持续时间也不同。父母不要嫌孩子没完没了地提问，要给孩子提供一个宽阔的平台，让孩子在其中自由成长。当然，孩子在这个敏感期中更需要父母的引导，正确的引导会让孩子获得更充沛的"营养"。

教育建议

1. 让孩子了解正确的知识

当6岁左右的孩子进入文化知识的敏感期时，他梦想着能当一名伟大的科学家，并向父母讨教关于天文、地理、自然等知识。此时，如果家长自身有大量的知识储备，不妨多给孩子讲讲，以激发孩子的兴趣。如果家长无法回答孩子的提问，建议家长给孩子买一些相关的光碟、图书等资料，以便让他更好更准确地了解自然知识。

如果父母自身对一些常识也"待补"的话，最好不要用自己模糊的记忆来教导孩子，一旦父母的回答不准确就会误导孩子。孩子此时对自然科学知识很感兴趣，记忆力会变得很好，再加上对父母的崇拜，很容易记住父母错误的灌输。

因此，无论父母是否有能力教导孩子，都应该给孩子一个自由探索的空间，把科学的资料提供给孩子，让孩子学到正确的知识。

2. 耐心倾听并参与讨论

大部分孩子会把自己逐渐了解的知识用语言的方式展现出来。他们会很兴奋地和父母讨论，给父母讲述，此时，父母一定要懂得倾听，最好表现出和孩子同样的兴趣，必要时，还要表现出适当的无知，请孩子来给自己"补课"。

父母的这种态度会大大激发孩子对知识的进一步探索，并且在多次的讨论中，会丰富孩子的词汇量，提升他的表达能力。孩子的语言会在这个探求自然奥秘的阶段有一个长足的进步。

3. 防止孩子在这个过程中变得傲慢

当孩子开始通过各种各样的方式了解自然知识，并有机会向父母、老师和同伴展现自己的所谓"博学"时，孩子会不自觉地傲慢起来，甚至会笑话父母"连这么点知识都不知道"。比如，有的孩子会说："爷爷奶奶居然说'天狗吃月亮'，太可笑了！"此时，父母可以反问孩子："你知道'天狗吃月亮'的传说吗？"当孩子被难住后，父母要给他讲道理，让他知道自己才接触这个世界，不懂的东西有很多，不可以笑话同学，更不能笑话父母和长辈。

父母要引导孩子以谦虚的心态和同伴互通有无，教导孩子毫不吝啬地把自己知道的知识告诉别人，同时也要倾听其他伙伴所讲的知识，这样大家就会在共同进步中健康成长了。

让孩子多了解中国文化，汲取中国文化的精髓
——家长应让孩子多读国学经典（3~6岁）

身边故事

冉冉特别喜欢在爷爷的房间看爷爷收集的古钱币。爷爷也经常给冉冉讲钱币的年代和相关的历史知识，冉冉听得津津有味。有时候爷爷不在家，他会溜到爷爷的房间，踩着小凳子，拿到装古币的盒子，自己摆弄一番。

后来，冉冉的妈妈接触了《弟子规》，和冉冉一起学习起来，一段时间后，冉冉的行为有了变化……

当冉冉走到爷爷房间，他会先敲门并问道："爷爷，我是冉冉，我可以进来吗？"爷爷打开门，很惊讶地看着孙子说："可以啊！你怎么想起敲门了？"在学习《弟子规》之前，冉冉进屋是从来不敲门的。

冉冉对爷爷解释道："《弟子规》上说'将入门，问孰存，将上堂，声必扬'。"爷爷还没反应过来，冉冉接着说："妈妈告诉我，以后进爷爷的房间要敲门。"

冉冉还振振有词地说："'用人物，须明求'。想用别人的东西也就要经过人家允许，不能随便乱动的。"

成长解码

3~6岁是孩子养成习惯的关键时期，父母尽早让孩子接触中国文化，孩子就会尽早在其中汲取营养。

故事中的冉冉，从《弟子规》中学到了行动上有礼貌但不古板、有修养又不失亲切。这样的孩子长大之后，就能做一个道德高尚、受大众欢迎的人。他可以用智慧去解决身边的问题，让自己有一个真正幸福的人生。

因此，父母应尽早让孩子接触中国文化，让孩子与经典为伴、与圣贤为友，帮助他逐步完善人格，形成良好的性格。

中国父母要多了解中国传统文化，平时对孩子进行潜移默化的影响，这样孩子才能在博大精深的中国文化的滋养下茁壮成长。

教育建议

1. 了解中国文化，让孩子诵读经典

中国文化的博大精深可能不是一时半会能够体会到的。父母可以试着多接触中国文化，这对生长在中国的孩子以及海外的华裔儿童有着重大的意义。

中国文化大部分都是在讲如何"修身"，就是如何做人与做事，这是任何一个成长中的孩子的必修课。其次，因为经典大多是有韵律的古文，如果孩子坚持长期诵读，孩子的专注力可能就会提升。人们常说"一个人能定得下来，才能学得进去"，孩子学习成绩怎么样，重要的决定因素要看孩子能不能"定下来"。

2. 用正确的方法诵读经典

3岁左右的孩子可以和父母一起诵读儒家经典，每天读10分钟左右，具体时间以孩子专注度为参照。一开始可以读《三字经》《弟子规》《千字文》《百家姓》等启蒙经典，等到孩子年龄大一些，比如6岁时，就可以读《大学》《中庸》《论语》《孟子》等经典。

父母和孩子一起读书时，声音要洪亮、态度要认真，每天要坚持读一会儿。时间一长，孩子自然就能背诵了。这种"熟读成诵"不但不容易遗忘，而且也避免孩子有"一定要背会"的压力。

孩子在这个阶段不需要精确地知道经典中的含义，这个阶段的诵读主要是培养孩子定力和开发孩子大脑记忆功能，以及增加词汇的储备。同时，诵读也为孩子今后有一个正确的人生观、价值观打下良好的基础。随着孩子年龄增长，生活实践和社会阅历也会随之增加，这个时候孩子自然开始理解经典的含义，并开始真正将经典应用在生活中。

3. 不要用经典去要求孩子

3~6岁是孩子养成习惯的关键时期，但是，父母万万不可拿着经典要求孩子。有的父母知道《弟子规》对孩子有好处，于是就要求孩子按《弟子规》说的做。

对于这个问题，父母应该辩证地看待，传统文化中有精华的部分，也有糟粕。对于精华的部分，父母要以身作则，潜移默化地影响孩子，切不可强迫孩子马上养成好的习惯。如果一味地要求孩子，孩子会产生反感。对于糟粕的部分，一定要摒弃，要跟孩子解释清楚。

让孩子开阔眼界，感受西方文化的魅力
——通过名画、雕塑、建筑等让孩子感受西方文化（6~9岁）

身边故事

一天，宁宁的爸爸带她去当地的艺术馆参观，其中展出了不少西方绘画和雕塑的复制品。宁宁看到这些后，不断地问："爸爸，这是什么啊？"

"是西方人的艺术！"爸爸笼统地回答。

"爸爸，我知道，我们是东方人，地球的另一边还有西方人。"宁宁说道。因为爸爸平时会和宁宁说一些简单的世界地理之类的知识，所以宁宁对"西方人"和"东方人"并不陌生。

爸爸说："对，宁宁说得没错！"

看着看着，宁宁指着维纳斯的雕像问道："爸爸，这个人怎么没有手啊？她怎么不穿上衣啊？"

"这是很有名的雕塑，叫'断臂的维纳斯'。"爸爸解释道。

宁宁说："一听就是外国人的名字！那为什么没有手啊？"

"因为这尊雕塑是在公元前雕成的，等到人们发现时已经是1000多年之后了，发现时就没有臂膀，但是人物形态端庄，表情宁静，残缺的上肢反而构成了一种独特的美。因此，人们把它称作'断臂的维纳斯'。"

"哦，这样啊！"宁宁好像听懂了似的感叹道。

爸爸接着说："维纳斯是古希腊神话中代表博爱和美丽的女神，而很多西方艺术家常常用雕像来歌颂女性之美，这尊就是最著名的雕塑之一。"

宁宁点点头，和爸爸走向下一个展区……

成长解码

文化敏感期的孩子对陌生的事物非常感兴趣，当孩子通过电视、书籍、图画等看到西方一些建筑、雕塑、名画时，好奇心会被激发出来，他会特别想知道为什么会有那么多不一样的地方，也会很想看到更多的不一样。

父母应当借着孩子的兴趣，给孩子提供了解西方文化的机会。父母可以对孩子进行简单的讲解，也可以提供一些书籍或图画。这些资料要符合孩子的接受能力，当然也必须是他感兴趣的。这样，他就会通过简单的文字和精美的图片感受西方文化的魅力。

教育建议

1. 让孩子了解世界地理

父母可以拿一个地球仪或一张世界地图给孩子讲解世界的板块，并指着各个国家，对孩子进行简要的说明，让孩子有一个大致的了解。当世界各国的名称已经是孩子耳熟能详的词汇时，父母可以让孩子了解更多的世界地理知识，给孩子讲解或给孩子购买相关的光盘。总之，要确保孩子得到的知识是正确的、具体的，而不是含糊其辞或似是而非的。

2. 通过名画、雕塑、建筑等让孩子感受西方文化

6岁多的孩子对西方文化的了解也只是停留在赏析的阶段，更深层次的西方哲学并不适合这个年龄的孩子。毕竟这个时期的孩子人生阅历相当有限，不但不能深刻地理解西方哲学，还有可能误导孩子的人生观和价值观。因此，这个阶段的孩子只需从视觉上欣赏一下西方的名画作品、各国城市的建筑及西方自然风光即可。

孩子开始用写作表达自己的想法
——赞许孩子用文字表达心声（6~9岁）

身边故事

星期六，阳阳和爸爸妈妈去公园玩。晚上回到家，妈妈打开自己的日记本开始记录一天的生活感悟。阳阳也迫不及待地拿着自己的本子和笔说："妈妈，我也要写日记！"

妈妈说："好啊，我们可以把今天的小体会记录下来！"

阳阳说："可是，我有很多字不会写。"

"用拼音代替就可以！"妈妈解除了阳阳的困扰，因为阳阳的拼音能力很强。

过了一会儿，阳阳说："妈妈，我写得很短。"

"没关系啊！写好了让妈妈看看吧！"

于是，阳阳把日记给了妈妈，上面用稚嫩的字体写着："今天，我和爸爸妈妈一起去公园玩。公园里有小鸟、小树、小花，我和它们玩了很久。下午，我们就回家了。"

简单的几行字，表达了孩子内心的喜悦和轻松。

妈妈看完后说："很好！阳阳可以用文字表述事情了。时间、地点、人物都交代得很清楚啊！不错不错，留作纪念吧！等阳阳到了妈妈这个年龄，看到自己写的这篇日记心里一定会暖暖的，要保存好啊！"

看到妈妈如此对待自己的"写作"，阳阳说："妈妈，我想写的时候，都写下来，好不好？"

"好啊！"妈妈高兴地说，而阳阳更是满心欢喜地收藏好了自己的日记本。

成长解码

孩子在六七岁时都会有写下一串文字的冲动，特别是孩子有了一定的识字、写字和拼音能力时，他更是希望自己能发挥一下自己小小的写字水平，尽管语句还不通顺，语言也不合逻辑，但对于孩子这种处于萌芽期的写作冲动，父母一定要好好保护。

如果父母很欣赏孩子的"写作"，孩子就会愿意用文字记录自己的心情。无论孩子写得好与坏，至少孩子稚嫩的字体开始呈现在纸上了，这对孩子来说就是一个突破。只要父母正确引导，孩子会用"写作"充实地度过文化敏感期。

教育建议

1. 打好孩子的拼音基础

由于家庭环境不同，孩子写作敏感期出现的早晚也不同。如果在孩子的早期教育中，融入足够的识字和拼音的内容，孩子的写作敏感期就可能提前来到。

但是，让6岁左右的孩子准确地写下大量汉字是非常有难度的，所以父母应该让孩子学好拼音。只有这样，孩子在有意愿用文字记录事情时，才不会因为写不来而泄气。

2. 欣赏孩子的写作

6岁左右的孩子能将心中所想的，用文字表达清楚，是非常了不起的。所以作为家长，要多加赞许，哪怕只是对孩子说："哇，小家伙开始写句子了！"父母也可以针对孩子的写作内容肯定孩子，比如说："小鸟和小花都出现在你的日记里了，不错！"只要父母的态度是肯定的，孩子就会认为自己是有能力，他会接受父母的赞赏继续尝试下去。

当然，如果孩子是第一次写作，建议父母不要给孩子纠错，而是要像阳阳的妈妈那样，将孩子的作品珍藏，因为这样的行为本身就是在欣赏孩子。待日后，孩子逐渐进入写作状态时，父母可以根据孩子的具体情况来帮助孩子提升写作技巧。

3. 不要教孩子用华丽的辞藻

孩子写作的珍贵就在于朴实和自然。父母可能认为孩子写出来的文字过于口语化，太直白，应该加一些优美的形容词。但是，这个阶段的孩子，能用文字将事情写清楚，并且能表达出自己的真情实感就已经很好了。因此，家长不需要让6岁左右的孩子学习过多的写作技巧，而应该鼓励他大胆地把自己最想表达的东西记录下来。当然，如果孩子根本不想写，可能说明孩子的写作敏感期还没有到来，父母也不要逼孩子写东西。

孩子迷恋数字，对事物的分类组合感兴趣
——及时让孩子掌握数字及分类的概念（6 岁左右）

身边故事

故事 1

3 岁的晴晴在楼下玩耍，邻居张阿姨问晴晴："晴晴，你会数数吗？"

晴晴自信地说："会，我能数到 20，1、2、3……19、20。"

张阿姨高兴地说："晴晴真棒！"

听了张阿姨的夸奖，晴晴心里美滋滋的。

张阿姨继续问："晴晴，那你说，是 15 个桃子多，还是 14 个桃子多啊？"

晴晴眼睛眨了眨，有点不太自信地说："15 个桃子多。"

张阿姨向晴晴竖起了大拇指，她又问："是 14 个桃子少，还是 15 个桃子少？"

这回，晴晴没有答上来。

张阿姨一看这情形，发现自己问的题目太难了，于是就对晴晴说："14 个桃子少，15 个多啊！是吧，晴晴？"

晴晴听张阿姨说出了答案，连忙说："是的！"

为了不让晴晴因为感觉自己没有答上来题而心情不好，张阿姨又与晴晴玩了一会儿小游戏……

故事 2

儿子已经 6 岁了，爸爸知道他已经对简单的加减法非常熟悉了，比如，20 以内的加减法基本是难不住儿子的。所以，爸爸也不问儿子这样的问题。

一次，爸爸看了一部战争电影，于是就问儿子："7 辆坦克加 8 架战斗机等于多少？"

这下，儿子有点懵了，他抬头看看爸爸，又低头思考了一会儿，还是没有回答爸爸。因为爸爸是随口一问，也没有在意。

大约半个小时后，儿子来到爸爸身边，非常认真地说："爸爸，7 辆坦克加 8 架战斗机等于 8 架战斗机和 7 辆坦克。"

爸爸有点惊奇，他问道："怎么会是这样的结果呢？"

儿子认真地说："一般情况下，不同类别的东西是不能相加的。"

听儿子解释完，爸爸开心地笑了……

成长解码

一般来说，孩子在 2 岁左右就会数数了，他会从 1 数到 10 甚至是 20，但这并不表明孩子知道数字之间的联系和原理。像故事 1 中的晴晴，按顺序数数，她就知道 15 比 14 多，但反过来，她就不知道 14 比 15 少了。其实，一般的孩子在 4 岁之前，并不知道数字之间的逻辑关系，因此会出现数错数的现象，比如，数到 39 时，孩子会突然跳到 60。

孩子在 4 岁左右才会真正进入数学敏感期，他会迷上数学，对数楼梯、数高楼、加减法很感兴趣。这时候，他能比较轻松地算出一些简单的加减法的题目，一旦他算出一道题来，就会表现得快乐无比。再经过一段时间，孩子就会对分类和组合产生极大的兴趣。就像故事 2 中那个 6 岁的孩子，已经对分类组合有所认知，并能够判断出某些东西是否属于一个类别，这个年龄段的孩子，对数学探索的欲望很高，建议家长有针对性地对孩子进行指导。

教育建议

1. 让孩子了解数与数间的关系

家长应该通过实物让孩子去感知数与数之间的关系。比如，孩子对 5 元加 3 元等于 8 元这个概念不了解，父母就可以拿出 5 张 1 元纸币，再拿出 3 张 1 元纸币来，把它们放到一起，孩子很快就理解 5 元加 3 元等于 8 元这种数与数之间的组合概念了。

2. 及时让孩子掌握分类的概念

父母应该及时向孩子介绍分类组合的概念，这对处于数学敏感期的孩子来说是非常有益的。父母不用刻意去给孩子讲概念，可以利用日常生活中与孩子整理玩具、收拾不同物品的机会，或者通过与孩子玩分类游戏，让孩子轻松掌握分类与组合的概念。

3. 耐心等待孩子的数学敏感期

并不是所有孩子的数学敏感期都是按照固定年龄来的，有的孩子的数学敏感期会比较滞后，甚至有的孩子在上小学时，学数学依然很吃力。对于这种情形，父母也不要太着急，更不要逼迫孩子，而要多一些宽容，多给孩子一些自由，因为只有充分地尊重孩子，并让孩子感受到父母的爱，孩子才能健康快乐地成长。

后 记

　　特别感谢金盾出版社领导的大力支持；感谢本书责任编辑刘晓宁老师的信任与鼓励；感谢多年来给予我帮助的教育界的各位同仁；感谢为本书的写作给予指导、提出建议与意见、付出辛勤劳动的诸位老师，他们是周扬、翟晓敏、雒真真、李俊飞、张淑涵、施杭、张振平、梅云、周雅君、贾联、刘伦峰、姜淑秀、杨新卫等；感谢一直以来关注我、给予我支持的家长朋友们。

　　同时，书中不足之处，冀望高明之士不吝赐教，予以指正。

周舒予